빙상의 전설

빙상의 전설

발행일 2018년 1월 17일

공저   권혁신, 엄성흠   일러스트   최한나
펴낸이   손 형 국
펴낸곳   (주)북랩
편집인   선일영   편집   오경진, 최예은, 최승헌
디자인   이현수, 김민하, 한수희, 김윤주   제작   박기성, 황동현, 구성우, 정성배
마케팅   김회란, 박진관, 유한호   사진   정호영, 전예진, 김정수, 함영산
출판등록 2004. 12. 1(제2012-000051호)
주소   서울시 금천구 가산디지털 1로 168, 우림라이온스밸리 B동 B113, 114호
홈페이지 www.book.co.kr
전화번호 (02)2026-5777   팩스   (02)2026-5747

ISBN   979-11-5987-969-2 03320 (종이책)   979-11-5987-970-8 05320 (전자책)

이 도서의 국립중앙도서관 출판예정도서목록(CIP)은 서지정보유통지원시스템 홈페이지(http://seoji.nl.go.
kr)와 국가자료공동목록시스템(http://www.nl.go.kr/kolisnet)에서 이용하실 수 있습니다.
(CIP제어번호 : CIP2018001961)

(주)북랩 성공출판의 파트너
북랩 홈페이지와 패밀리 사이트에서 다양한 출판 솔루션을 만나 보세요!
홈페이지 book.co.kr • **블로그** blog.naver.com/essaybook • **원고모집** book@book.co.kr

빙상의 전설

대한민국 동계올림픽 영웅들의 이야기

권혁신, 엄성흠 공저

심석희
최민정
임효준
황대헌
노진규
서이라
김선태
곽윤기
김아랑
김도겸
이유빈
김예진
이상화
모태범
김보름
이승훈
김민석
김민선
차민규

정재원
박승희
노선영
김기훈
채지훈
전이경
안상미
김동성
안현수

북랩 book Lab

저 자 서 문 1

1992년 2월 겨울, 나는 고등학교 입학을 앞둔 중학생이었다. 어릴 적부터 스포츠를 좋아해서 스포츠신문 기자가 되는 것이 꿈이었던 나는 태어나서 처음으로 밤새 벌어지는 동계올림픽, 그중에서도 대한민국의 유일한 금메달 기대 종목인 쇼트트랙을 봤고, 그 긴장감과 박진감, 끝까지 승부의 향방을 알 수 없는, 아니 끝나고서도 승부가 뒤집힐 수 있는 쇼트트랙의 매력에 흠뻑 빠졌다. 그리고 그로부터 약 26년의 세월이 지났다.

그동안 수많은 동계올림픽이 벌어졌고, 그만큼 많은 스타가 탄생하였다. 더불어 수많은 사연이 링크 안팎에서 펼쳐졌다. 우리를 울리고, 웃기고, 기쁘게 하고, 화나게 하고, 슬프게 했던 수많은 이야기와 승부가 있었던 것이다. 이제 2018년 평창 동계올림픽 개막을 앞두고 나는 그간에 동계올림픽에서 있었던 이야기와 앞으로 평창에서 활약할 선수들의 이야기를 모아 책으로 펴내고자 한다. 물론 단순히 그들의 이야기를 전하는 것뿐만 아니라 그들이 어떻게 해서 세계 정상의 자리에까지 올랐는지 각자만의 성공 요인을 정리해서 제시할 것이다. 그것은 이 책이 단순한 과거 회고나 선수들의 이야기 전달에 그치지 않게 할 것이다.

비록 필자가 빙상을 잘 안다고 말하기엔 여러모로 부족함이 많지만, 선수나 종사자가 아닌 일반인으로서는 누구 못지않게 오래 지켜봐 왔다는 것 하나만은 자부할 수 있다고 단언한다. 또 지금은 사라졌지만 대한민국 최초의 비인기 종목 서포터즈인 쇼트트랙 국가대표 서포터즈 '블루 히어로즈'를 만들어서 6년 가까이 운영했고, 이후 동계 스포츠 뉴스 사이트 '아이스뉴스'를 운영해 오고 있다는 것도 나름 뿌듯한 일이다. 비록 생업이나 개인적인 사정으로 활동에 한계가 있어 전념하지 못할 때가 많았지만, 반대로 그랬기 때문에 20년 넘는 세월을 계속 관심을 가지고 지켜봐 올 수 있었던 것이 아닌가 싶다. 어쨌든 이 책은 나 개인에게도 지나간 세월을 정리하고 젊은 시절을 돌아본다는 의미도 있다. 무엇 하나 제대로 한 것 없고, 내세울 것도 없는 내 젊은 시절의 첫 번째 기념비라고 생각한다.

책이 나오기까지 많은 이들의 도움이 있었다. 누구보다도 이 책을 세상에 내놓게 해주신 북랩 출판사의 손형국 대표님께 감사드린다. 또 여러 가지로 도움을 주신 김회란 본부장님과 편집부원들, 디자인팀 식구들과 제작부, 전산팀 등 북랩의 직원분들께도 감사드린다. 또 초상권을 허락해 주신 전·현직 국가대표 선수들과 에이전시 담당자 분들께도 감사드린다. 사실 이 책의 주인공은 그들이다. 나는 그들의 이야기를 정리하고 내 생각과 이야기를 조금 보탰을 뿐이다.

그리고 블루 히어로즈의 시작과 흥망성쇠를 함께하며 20년 가까운 세월 함께 늙어 오고 있으며, 책의 일부 사진을 촬영한 김정수에게도 고마움을 표한다. 또 흔쾌히 사진을 제공한 정호형 씨와 전예진 씨, 함영산 씨에게도 감사한다. 그리고 이 책의 공저자인 엄성흠 코치에게 공을 돌리고 싶다. 내가 포기하고 싶을 때나 힘들 때 가장 많이 격려해 주고 물질적, 정신적으로 큰 도움을 준 이가 바로 엄성흠 코치였다. 물론 그만큼 나의 성질과 잔소리를 가장 많이 받기도 한 이기도 하다. 그동안 고마웠고 앞으로도 잘 부탁한다는 말을 하고 싶다. 또 20년째 우정을 함께하고 있는 하이텔 축구동호회 76동기 모임 용가리 친구들에게도 감사하고 싶다. 친구들이 먼저 간 길을 아주 늦게 가고 있는 나는 그대들의 격려 덕분에 여기까지 왔다 믿는다. 특히 하늘에 먼저 간 두 친구, 상헌과 규헌에게 이 책을 바치고 싶다.

그리고 이 책을 읽을지도 모를, 오랜 세월 동안 빙상을 사랑해 오고 앞으로도 사랑할 빙상 팬들에게 감사의 말을 전하고 싶다. 프로 스포츠도 아니고, 올림픽에서는 효자 종목이지만 그만큼 실망스러운 사건도 많은 스포츠인데도 꾸준히 사랑해 주는 빙상 팬들의 존재는 언제나 소중하다. 한때 나는 빙상 팬이라면 나처럼 빙상을 사랑해야 한다고 유치한 생각을 한 적이 있지만 지금 생각해 보니 그 생각들이 얼마나 어리석었는지…. 우리 모두 각자의 위치에서 최선의 방식으로 빙상을 사랑하면 되는 것이 아닐까 한다. 그동안 블루히어로즈와 아이스뉴스를 스쳐간 이들에게도 감사한다.

'세계 최고'의 자리에 오른다는 것이 얼마나 어렵고 힘든지 이 책을 쓰면서 다시 한번 실감했다. 수많은 자기 혁신을 계속하고 뼈를 깎는 고통을 이겨내는 것만이 세계 최고의 자리에 오르는 유일한 길이었다.

하지만 우리 모두 금메달을 딸 필요도 없고, 따서도 안 된다. 모두가 금메달을 따면 은메달, 동메달을 딸 사람이 없지 않은가? 메달 색깔과 등수가 중요한 것이 아니고 각자 처한 상황에서 최선을 다하며 주어진 직분을 충실히 이행하는 것으로도 우리는 최고가 될 수 있고 후회 없는 삶을 살 수 있다. 이 책에 나오는 수많은 선수들의 이야기가 언제나 정답이라고 할 수는 없다. 우리 삶에 주인공은 나 자신이고, 정답은 나 자신만이 도출할 수 있기 때문이다. 그럼에도 이 책이 그 정답을 찾는 데 조금이나마 도움이 되길 바란다.

저 자 서 문 2

엄성흠

1998년 2월의 나는 태권도를 하며 대입을 앞둔 입시준비생이었다. 매일 함께 산을 뛰던 아버지와 같이 태권도를 전공했다. 그렇게 운동만이 살길이라 생각했던 나에게 부상이라는 절망의 순간이 찾아왔고 방황의 시간을 보냈다. 이런 최악의 순간에 나를 절망의 동굴에서 나오게 한 것이 동계올림픽이었다. 선수들의 박진감 넘치는 승부가 나의 가슴을 다시 뛰게 했고, 그 끈을 이어준 것이 전 국가대표 태권도 코치이자 쇼트트랙 국가대표 선수인 이승재 군 아버지의 권유였다.

그분을 만나면서 나에게는 '재활트레이너'라는 새로운 꿈이 생겼고, 태권도로 어렵게 입학했던 대학 전공을 스포츠의학으로 전향하며 태권도와 쇼트트랙 선수들의 재활을 도왔다.

경희대학교 태권도 선수단을 시작으로 쇼트트랙, 탁구, 농구,

요트, 볼링, 축구, 배드민턴까지 다양한 선수들의 재활트레이닝을 맡게 되었다. 그리고 결국 선수로 입지 못했던 국가대표 유니폼을 지도자가 되어 입게 되었다. 태릉선수촌에서 면접을 보고 합격이 되어 태극기가 새겨져 있는 유니폼을 입고 훈련을 했던 첫날의 감동은 이루 말할 수 없었다. 10년도 더 지난 그날의 순간이 지금도 생생하다.

선수촌에서의 첫날 밤, 나는 내 방 책상에 "국가대표의 마음가짐으로 임하자"라는 글을 적어 붙였다. 그 마음으로 선수들을 대했고, 그들과 함께 포디움에 오르는 날이 오기를 기대했다. 나의 염원은 현실이 되었고 많은 종목의 선수들과 함께 목에 메달을 걸고 시상대에 올랐다. 빙상의 전설들과 함께해 온 것은 내 인생에서 가장 값진 경험이었다고 말할 수 있을 것이다.

책을 쓰면서 지나간 시간들을 다시 한 번 되짚어 보게 되었다. 깜깜한 새벽 작게 빛나는 별을 보면서 링크장을 향해 걸었던 기억들…. 컴컴한 링크장 한쪽 편에서 코너 벨트를 잡고 당기는 선수들의 땀 한 방울 한 방울이 눈앞에 선하다. 나를 믿고 열심히 재활훈련을 했던 예전의 그 선수들과 코치님들에게 이 자리를 빌려 감사의 인사를 전한다.

이승재, 김민정, 곽윤기, 성시백, 이정수, 진선유, 조수훈, 김성일, 김보름, 박승희, 박승주, 박세영, 최지현, 변천사, 김병준, 엄천호, 김지유, 김동균, 이효빈, 공상정, 김완상, 김재한, 김혜경, 박인욱, 박진환, 이상헌, 서이라, 안세정, 안세윤, 윤혁, 이미연, 전지수, 이승훈, 최송아, 홍성호, 김채현, 강수민, 강나윤, 김보라, 김다겸, 김도형, 김아랑, 김윤선, 김환이, 이문현, 손수민, 송승호, 송재원, 이소연, 이현성, 이호석, 조해리, 천유빈, 김한울, 김진태, 이일용, 허정수, 이성우, 김서희, 이현수, 임경원, 정바라, 신명준, 박인욱, 이수연, 이은별, 박지원, 김환이, 이강석, 오용석, 김영호, 김태훈, 박도영, 김민석, 박여원, 박준석, 박초원, 김혜진, 김용기, 김용주, 이규혁, 김한송, 이준수 이진우, 임정수, 임지환, 노혁준, 전예진, 조수윤, 홍성빈, 김성규, 김영득, 조상현, 공병원, 홍성곤, 강재구, 김우진, 김진수, 김철수, 양수진, 이도영, 이경원, 유꼬 쌤, 김준천, 고기현, 주민진, 최민경, 송승우, 이용남, 이준호, 김은석, 장권옥, 황원혁, 박유석, 박보석, 김용훈, 신우철, 송경택, 제갈성렬, 송재근, 이규현, 신창훈, 장호성, 강재구, 문병희, 윤승남, 최근원, 문준, 고병욱, 김예림, 조승희, 김섭관, 최정윤, 염종은, 박정아, 도지훈 그리고 보고 싶은 오세종, 노진규….

또 이 책이 나오기까지 많은 도움을 주신 분들에게 감사의 인사를 전한다. 서울시장애인스키연맹 김충식 회장님과 최준혁 이사님, 최상범 교수님, 정신적인 멘토 이규형 교수님과 길재호 교수님, 전정우 교수님, 김창국 교수님, 류태호 교수님, 윤성진 교수님, 스포츠개발원 성봉주 박사님과 고병구 박사님, 이동기 박사님, 송형석 교수님, 서울대학교 조규진 교수님과 안주은 교수님, 김경호 형님, 최재덕 대표님, 이재석 박사님, 문황운 교수님, 국가대표 아이스 슬레지 하키선수들의 유니폼을 함께 연구했던 박상희 교수님, 박진희 교수님, 늘 아낌없이 조언을 주시는 박종훈 교수님과 천우광 교수님, 박혜원 교수님, 이명천 교수님, 전용균 교수님, 조금준 교수님, 천범주 교수님, 김학준 교수님, 팝핀현준 교수님과 강개토 교수님, 이성일 교수님, 이금희 교수님, 신상무 교수님, 도월희 교수님, 김효석 아나운서님, 정대호 교수님, 김현정 박사님, 간호섭 교수님, 정경호 실장님, 송승룡 실장님, 김성은 박사님, 윤영필 박사님, 서울시장애인복지시설협회 김원제 회장님, 양정렬 국장님, 김민지 부장님과 임직원분들. 언제나 아낌없는 응원을 보내 주는 동네친구 유민, 브라운아이드소울 성훈, 언제나 웃음을 주는 박근백, 정재훈 이사님과 김형대 pd님, 김형순 pd님, 상인숙 작가님, TC 그룹 유재성 회장님, 유준혁 형님, 유승민 IOC 선수위원, 장희성 사부, 박삼규 본부장님, 정덕진 회장님, 권혁남 부사장님과 서정익 상무님, 한국현 선수, 그리고 어바웃피싱 최윤성 대표.

그 외 함께했던 추억들이 시간의 흐름에 밀려 머릿속만을 맴돌고 있는 여러 분들께 감사의 인사를 전하지 못하는 죄송함을 표한다.

이 책은 나와 권혁신 작가의 인생이 담긴 것이다. 이 이야기가 출간되기까지 몇 번의 위기와 어려움이 있었지만 우리는 끈기 있게 선수들과의 추억을 글로 적었다. 누구보다도 이 책을 함께 만들어간 권혁신 작가님에게 감사의 인사를 드리며, 이를 계기로 더 멋지게 펼쳐질 권 작가님의 인생에 희망의 메시지를 전할 수 있기를 기대한다. 출판이 될 수 있도록 힘써 주신 북랩 출판사의 손형국 대표님께 감사드리며, 사진을 촬영한 김정수 형님, 정호형 형님에게도 감사의 인사를 전한다.

지난 수년간 선수들의 부상 회복을 위해 아낌없는 지원과 따뜻한 마음을 담아 치료해 주신 황만기 원장님을 비롯한 아이누리 한의원 원장님들과 임직원 여러분들에게도 감사 인사를 드린다. 또한 패럴림픽 선수들의 리커버리와 경기력 증진을 위해 의료기기와 물품을 지원해 주신 필립스 코리아에 감사의 인사를 드린다. 선수 지원을 담당해 주셨던 조상현 부장님과 신승교 차장에게도 감사드린다.

이 책이 많은 체육 영재들과 국민들에게 귀감으로 남기를 기대하고 이후 평창 동계올림픽을 통해 또 다른 결과물이 나오길 기대한다.

추 천 사

중앙일보 동계스포츠 담당 기자 김지한

빙상은 한국 스포츠에서 매우 특별한 위치에 있다. 1992년 알베르빌 동계올림픽에서 김기훈이 한국 사상 첫 금메달을 따고, 채지훈, 전이경, 김동성, 안현수, 진선유, 김연아, 이상화, 심석희, 최민정 등의 스타 선수들이 배출된 것만으로 단순하게 그 가치를 말할 수 없는 종목인 것이다. 치열한 경쟁과 냉정한 승부 속에서 살아남아 혹독한 훈련과 피나는 노력을 거쳐 20년 넘게 세계 정상을 달려온 한국 빙상의 역사, 그 스토리 하나하나에 국민들은 울고 웃었다. 힘든 과정을 이겨 내고 정상급에 오른 빙상 선수들을 향한 팬덤도 자연스럽게 생겼다.

그런 문화 속에서 저자는 빙판에서 가장 오랫동안, 가장 가깝게 현장을 지켜보면서 누구보다 빙상을 아낌없이 사랑했다. 저자를 처음 알게 된 건 2006년 토리노 동계올림픽 때였는데, '다이내믹 피닉스(Dynamic Phoenix)'라는 쇼트트랙 응원 서포터즈를 운영하는 대표자로 이메일 인터뷰를 했다. 축구 외에는 특정한 종목의 선수들을 응원하는 문화가 쉽지 않았던 시절에 쇼트트랙 서포터를 만들어 올림픽 현장 응원을 하는 모습에 부러움과 존경심을 함께 느꼈던 기억이 있다. 그리고 10년이 지난 지금도 그는 여전히 빙상 대표 선수들을 가까이 지켜보면서 변함없는 관심과 애정을 쏟고 있다. 『빙상의 전설』은 그런 과정에서 나온 책이다.

스포츠에 대한 대중들의 관심이 예전보다 높아졌고, 그에 따른 문화는 더욱 발전하고 있다. 그러나 축구, 야구를 제외하곤 한 종목, 한 팀을 꾸준하게 지켜보고 관심을 가진 사람을 찾는 것 또한 쉽지 않다. 그런 의미에서 이 책을 보면, 저자가 이끌었던 '다이내믹 피닉스'의 존재를 다시 한 번 되새기게 된다. 영원히 죽지 않는 새 '피닉스'처럼 '다이내믹 피닉스'는 한국 빙상 선수단의 승리를 향한 뜨거운 열정과 대표팀을 향한 서포터들의 관심과 사랑이 영원히 사라지지 않을 것임을 뜻했다.

이제 막 세상에 나온 이 책도 한 '빙상 지킴이'의 스토리텔링을 넘어 많은 사람들의 기억에 영원히 남는 기록이 되기 바란다.

CONTENT

제1장
평창의 대한민국 쇼트트랙 국가대표 선수들

제 2 장

평창의 대한민국 스피드스케이팅 국가대표 선수들

제3장
역대 동계올림픽
금메달리스트

제1장

**평창의
대한민국 쇼트트랙
국가대표 선수들**

심석희, 최민정

라이벌

결코 지고 싶지 않지만 적의는 없는 라이벌이란 존재는 우리 각자의 발전을 이끌어내는 견인차 역할을 한다. 실전에선 전의를 불태우지만 승부 후엔 서로 격려할 수 있는 라이벌. 끝없는 발전을 갈구하는 우리에겐 그런 라이벌이 필요할지도 모른다.

대한민국 쇼트트랙의 역사는 라이벌의 역사

　대한민국 쇼트트랙이 올림픽에서 좋은 성적을 낼 때엔 항상 한 명의 에이스와 그에 못지않은 2인자가 선의의 경쟁을 펼쳤다. 1992년 처음으로 쇼트트랙이 올림픽 정식 종목으로 채택됐던 알 베르빌 올림픽 때는 김기훈 선수와 이준호 선수가, 1994년 릴레함 메르 올림픽에서는 남자부의 김기훈 선수와 채지훈 선수, 여자부 의 전이경 선수와 김소희 선수가, 1998년 나가노 올림픽에서는 남 자부의 김동성 선수와 이준환 선수, 여자부의 전이경 선수와 원혜 경 선수가, 2002년 솔트레이크 올림픽에서는 남자부의 김동성 선 수와 안현수 선수, 여자부의 고기현 선수와 최은경 선수가, 2006 년 토리노 올림픽에서는 남자부의 안현수 선수와 이호석 선수, 여 자부의 진선유 선수와 최은경 선수가 서로 경쟁하며 선두에서 한 국 쇼트트랙을 이끌었다. 다만 이후 2번의 올림픽에서는 남녀 대 표팀의 전력에 엇박자가 나서 2010년 밴쿠버 올림픽에서는 여자 부가 은메달 1개, 동메달 2개로 부진했고, 2014년 소치 올림픽에 서는 남자부가 노메달의 수모를 당했다. 물론 그래도 밴쿠버 올림 픽에선 이정수 선수와 성시백, 이호석 선수가 남자부의 선전을 이 끌었고, 소치 올림픽에선 박승희 선수와 심석희 선수가 여자부에 서 분전했다.

　그런데 중요한 점은 올림픽 개인전 종목별 금메달은 하나뿐이고 함께 금메달을 딸 수 있는 계주 경기가 아닌 한 선수들 개인 간에 승자와 패자는 갈릴 수밖에 없다는 것이다. 그렇기 때문에 계주를 제외한 쇼트트랙 종목에 출전하는 대표 선수들은 대한민국이란 국가의 영광을 위해서도 뛰지만, 본인의 성공과 명예, 포상금 등을 얻기 위해 뛰는 것도 사실이다. 'Winner takes all'이란 팝 그룹 ABBA의 노래가사처럼 승자, 특히 금메달을 딴 이가 더 많은 조명과 환호, 포상금을 받는 게 당연한 것이 스포츠의 세계이다. 그래서 올림픽 금메달은 하늘이 점지한다는 말이 진리처럼 전해지고 있고 그 극단적인 예로 2002년 솔트레이크시티 올림픽 남자 1,000m에서 금메달을 딴 스티븐 브래드버리처럼 준준결승부터 준결승, 결승까지 앞서 달리던 선수들이 실격과 미끄러짐 등으로 탈락하여 금메달을 따내는 경우도 있었다. 하지만 그도 여러 번의 좌절과 선수 생명을 위협하는 부상을 이겨 내고 출전한 4번째 올림픽이었고, 선수들 간의 경쟁이 치열할 것을 예상하고 일부러 뒤에서 달리는 전략을 펼쳤다고 하니 이 또한 그냥 주어진 행운은 역시 없다는 것을 증명한 사례라고 할 수 있을 것이다.

어쨌든 이렇게 장황하게 서두를 꺼내는 이유는 대한민국 쇼트트랙 역사상 가장 강력한 원투 펀치이자 쌍두마차인 1, 2인자를 소개하기 위해서이다. 한 선수는 2014 소치 올림픽에서 금, 은, 동메달을 하나씩 따냈고, 2014년 세계선수권 개인종합 우승을 했던 선수이며, 다른 한 선수는 그 뒤를 이어 2015 세계선수권과 2016 세계선수권 대회에서 개인종합 우승을 한 선수이다. 두 선수는 1

파이팅을 외치는 심석희, 최민정 선수

년 전 2017 삿포로 동계 아시안 게임에선 나란히 2관왕에 오르며 계주 금메달을 합작하기도 했다. 1살 터울로 절친한 선후배 사이이자 같은 소속사(갤럭시아 SM)이며 얼마 전 MBN 여성스포츠 대상을 공동으로 수상하기도 한 두 사람은 바로 대한민국 쇼트트랙 여자 국가대표 선수인 심석희와 최민정 선수이다.

심석희 - 단점을 장점으로

평창 올림픽 빙상 경기가 열리는 강릉에서 3남 1녀 중 막내로 태어난 심석희 선수는 7살 때 오빠가 스케이트 타는 모습이 재미있어 보여 스케이트화를 신었다. 막내딸이 쇼트트랙에 재능을 보이자 아버지 심교광 씨는 온 가족을 이끌고 서울로 이사를 왔다. '기린'이란 별명이 있는 심석희 선수는 어릴 적부터 독보적으로 키가 컸다. 심석희 선수의 어린 시절 경기 사진을 보면 다른 어린 선

1   질주하는 심석희 선수(사진 제공 정호형)

2   코너를 도는 최민정 선수(사진 제공 정호형)

수들 사이에서 머리 하나가 더 올라 있을 정도로 큰 키로 뛰는 모습을 여러 번 볼 수 있다.

쇼트트랙 선수로서 큰 키는 장점과 단점이 뚜렷하다. 키가 크면 긴 하지장으로 한걸음에 다른 선수보다 더 멀리 갈 수가 있을뿐더러 체력도 덜 소비하기 때문에 중장거리에서 유리하다. 또한 일단 자세를 잘 잡으면 힘 있게 스케이팅을 해나갈 수 있다는 장점도 있다. 대신 좁은 공간에서 폭발적인 스피드를 내야 하는 쇼트트랙의 특성상 순발력과 코너워크에서 손해를 보기 쉽다. 무게 중심이 높아서 원심력이 강하게 작용하기 때문이다. 심석희 선수 본인도 이런 본인의 키에 대해 많이 고민하기도 했지만 스스로 '그냥 남자 선수다…'라고 생각하며 받아들이기로 했다고 한다.

어쨌든 심석희 선수는 그 큰 키를 잘 활용하여 2012년 1월 동계 유스올림픽에서 2관왕에 오른 후 주니어 세계선수권대회에서도 3관왕과 종합 우승을 하였다. 그리고 2012 국가대표 선발전에서 종합 우승을 하며 화려하게 성인 무대에 데뷔하였고 이후 월드컵과 세계선수권에서 박승희 선수와 함께 여자팀의 선전을 이끌었다.

그리고 2년 후, 대망의 소치 올림픽. 심석희 선수는 최소 2관왕은 가능할 거라는 기대를 받았지만 아쉽게도 경험 부족을 드러내며 개인전에선 은메달 하나와 동메달 하나를 따냈다. 특히나 본인의 주 종목인 1,500m에서 중국의 저우양에게 막판 역전을 허용한 장면은 두고두고 아쉬움을 주었다. 하지만 가장 중요한 3,000m 계주에서 마지막 주자로 나선 심석희 선수는 반칙을 일삼는 중국 여자대표팀에게 멋지게 설욕하며 금메달을 따내는 데 견인차 역할을 한다. 소치 올림픽 내내 이어진 여자 대표팀의 불운과 남자 대표팀의 부진, 안현수 선수의 귀화 파동, 편파 판정으로 금메달을 빼앗기고 2연패에 실패한 피겨 김연아 선수에 대한 안타까움 등으로 답답해하던 국민들의 막힌 속을 뻥 뚫어 주었던 그야말로 '분노의 질주'였다.

그 후 이어진 2014 세계선수권 대회에서도 심석희 선수는 절정의 기량을 과시하면서 1,000m, 1,500m, 3,000m 슈퍼파이널까지 3관왕에 오르며 첫 개인종합 우승도 거머쥐었다. 바야흐로 세계 여자 쇼트트랙에 심석희 시대가 열리는 것만 같았다.

슬럼프를 극복하며

하지만 이후 심석희 선수는 컨디션 난조에 시달리며 한 살 어린 후배 최민정 선수에게 세계 정상의 자리를 내준 것은 물론이고 국제대회에서도 기대만큼의 좋은 성적을 거두지는 못했다. 아무래도 몇 년간 강행군하며 누적된 피로에 국제무대에서 본인의 전략과 특성이 파악된 것도 한몫했을 것이다. 그래도 해가 갈수록 조금씩 예전의 기량을 회복하는 모습을 보이며 최민정 선수와 선의의 경쟁을 펼친 끝에 지난 시즌 월드컵 종합 랭킹 3위, 세계선수권 3위의 성적을 거두며 세계선수권 종합 3위에게까지 주어지는 평창 동계올림픽 출전권을 획득했다.

4년 전 막내로 출전했던 것과 달리 이제는 국가대표팀의 주장이 되어 평창 올림픽에 출전하는 심석희 선수는 보다 성숙한 모습으로 대한민국 여자 쇼트트랙을 이끌 전망이다. 2017-2018 시즌 개막을 앞두고 열린 미디어 데이에서 두 선수의 라이벌 대결에 대해 묻는 기자의 질문에 심석희 선수는 "너무 진 적이 많아서 자존심 상할 일이 없다."며 웃었다. 그리고 최민정 선수의 장점으로 강력한 파워를 꼽았다.

🏅 그만의 성공 비결

쇼트트랙 선수로서 키가 큰 것은 결코 장점이 될 수는 없다. 역대 대한민국의 쇼트트랙 에이스 선수들을 보면 남자 선수들은 170센티미터 초반, 여자 선수들은 160센티미터 초중반의 키였다. 호리호리한 키에 낮은 무게 중심을 가진 선수들이 쇼트트랙 선수로 대성해 왔던 것이다. 그런 면에서 심석희 선수의 큰 키는 장점보다 단점이 될 수도 있었다. 하지만 심석희 선수는 그런 본인의 장점 아닌 장점을 잘 살려서 국내 무대는 물론이고 세계 무대에서도 손꼽히는 선수가 되었다. 자신의 단점을 비관하며 포기하지 말고 장점으로 승화시키는 것이야말로 진정한 강자가 되는 길이다.

최민정 - 시련을 이겨내고

이렇게 키가 큰 심석희 선수에 비해 최민정 선수는 상대적으로 작은 163㎝의 단신(?)이다.

1998년생인 최민정 선수는 1997년생인 심석희 선수와는 연도상으로는 1살 차이지만 심석희 선수의 생일이 1월이라 학년상으로는 두 살의 차이가 난다. 그래서 2012년 성인 무대에 데뷔한 심석희

세계선수권 대회 2연패의 시상대에 선 최민정 선수(사진 제공 정호형)

선수보다 2년 늦게 성인 무대에 데뷔해야 했다. 소치 올림픽은 1998년 6월생까지 올림픽 출전이 가능했는데 1998년 9월생인 최민정 선수는 고작 석 달 차이로 올림픽 출전이 무산되었다. 그러나 당시 최민정 선수는 그에 대한 아쉬움은 없었고, 국내 무대에서부터 차근차근 실력을 키워나가야겠다고 생각했다고 쿨하게 말했다. 6살 때 고려대학교 아이스링크에서 열린 스케이트 특강에서 스케이트를 처음 접한 최민정 선수는 그것을 계기로 쇼트트랙 선수가 되어 세계 정상에까지 왔다. 그녀는 중학교 2학년 때 심석희 선수가 운동하는 모습을 보고 같은 팀으로 옮겨야겠다는 생각을 할 정도로 심석희 선수의 스케이팅에 감탄했다고 한다. 이후 조재범 코치의 지도를 함께 받게 된 두 선수는 서로에게 자극받고 경쟁하면서도 언니, 동생으로서 우애를 키워 나갔다. 특히 최민정 선

수는 선배인 심석희 선수에 대해 여전히 배워야 할 것이 많은 선배라며 노련한 경기 운영을 배우고 싶다고 말했다.

심석희 선수가 성인 무대에 올라간 후 최민정 선수는 2014 주니어 세계선수권 선발전에서 압도적인 실력을 보여 주며 종합 1위로 주니어 세계선수권에 출전하였지만 가벼운 부상과 그로 인한 준비 부족으로 종합 3위에 그치며(?) 아쉬움을 던져 줬다. 하지만 곧이어 열린 국가대표 선발전에서는 쟁쟁한 선후배를 제치고 종합 2위의 성적으로 국가대표팀에 승선했고 이후 무서운 기세로 세계 무대를 접수했다. 그리고 2015 세계선수권과 2016 세계선수권을 연달아 제패하며, 전이경, 최은경, 진선유 선수에 이어 대한민국 여자 선수로는 네 번째로 세계선수권을 2연패 하는 기록을 세웠다. 특히나 대한민국 목동 아이스링크에서 열린 2016 세계선수권에서는 홀로 고군분투하며 마리안느 생젤레(캐나다)와 고작 2점 차이로 종합 우승을 차지하는 어려움 끝에 2연패를 하는 감격을 맛봤다.

세계선수권 3연패 무산을 딛고

그리고 2016-2017 시즌. 최민정 선수는 대한민국 이승재 코치의 조련 아래 기량이 급상승한 엘리스 크리스티(영국)의 거센 도전을 받는다. 말 그대로 미완의 대기이자 넘치는 힘을 주체 못 하는 폭주기관차였던 엘리스 크리스티는 2016 월드컵 대회부터 여러 차례 최민정 선수를 추월하더니 2017 세계선수권에서도 완벽한 기량을 자랑하며 종합 우승을 차지했다. 물론 유럽 네덜란드에서 열리는 대회여서인지 이상하리만큼 유럽 선수들에게 판정이 유리했고 우리 선수들, 특히 최민정 선수가 판정에 불이익을 받은 것도 사실이다. 하지만 단순히 판정의 문제만으로 종합 6위에 그친 최민정 선수의 부진을 설명하기는 힘들다. 아무래도 3년간 최민정 선수의 전략이 많이 노출되었고 본인도 3연패라는 위업을 달성하는 데 많은 부담감을 가졌기 때문일 것이다.

과정이야 어찌 됐든 결과적으로 세계선수권 3연패에 실패한 최민정 선수는 올림픽 출전권을 확보하지 못했고, 그에 따라 한 달 후 출전한 국가대표 선발전에서 국내 선수들과의 압도적인 실력 차이를 과시하며 전 종목에서 우승, 종합 1위로 올림픽 개인전 출전권을 따냈다. 이제 다시 도전자의 입장에서 심석희 선수와 경쟁하며 엘리스 크리스티에 맞서야 한다. 올림픽을 앞두고 좋은 예방주사를 맞은 최민정 선수. 더욱 독해지고 강해진 그녀의 레이스는 훨씬 무섭다.

🏅 그 만 의 성 공 비 결

세계선수권 3연패에서 실패한 최민정 선수는 누구보다도 마음 고생이 심했을 것이다. 하지만 낙망하지 않고 올림픽이라는 더 큰 목표를 향해 맹훈련을 거듭함으로써 이번 시즌 들어 다시금 세계 정상급 기량을 회복하는 데 성공했다. 사노라면 얼마든지 실패할 수 있는 게 인생이다. 살아가는 데 중요한 것은 실패하지 않는 것이 아니라 실패했을 때 얼마나 빨리 일어서느냐이다. 최민정 선수는 그 평범한 진리를 몸소 실천해 보이고 있다.

두 선수는 선의의 라이벌

　두 선수는 2년 차이 나는 선후배로 라이벌이라기보다는 너무나 친한 언니, 동생으로 보인다. 최민정 선수에게 가장 친한 선수를 물으면 주저 없이 심석희 선수를 꼽을 정도로 두 선수는 돈독한 사이다. 또한 두 선수는 서로 본받을 점이 많다고 칭찬하지만, 우열을 가리기 힘들 정도로 연습에 몰입하는 연습벌레이기도 하다. 두 사람 모두 공통으로 꼽는 목표는 계주 우승이다. 특별히 심석희 선수는 계주 종목이 모두가 웃을 수 있는 종목이기 때문에 꼭 금메달을 따고 싶다고 말했다.

　앞서 이야기했듯이 한국 쇼트트랙의 역사는 라이벌의 역사였고, 상대적으로 기량이 앞서는 에이스 선수가 개인전 금메달을 획득하며 스포트라이트를 독차지하는 경우가 많았다. 그래서 에이스와 이인자 간에 신경전과 불미스러운 일도 많았던 것으로 알려졌다. 오래전 대한민국을 발칵 뒤집어 놓았던 파벌 파동도 에이스인 안현수 선수와 그 외 선수들 간에 벌어진 일이었다. 상대적으로 여자 대표팀은 그러한 논란에서 자유로운 편이지만 신경전이 전혀 없을 수는 없다. 하지만 이번 여자 국가대표팀의 쌍두마차 심석희, 최민정 선수만큼은 그런 걱정을 하지 않아도 될 듯하다. 두 선수는 서로를 인정하고 아끼며 행여 경쟁에서 진다고 해도 서로를 축하해 줄 사이이기 때문이다. 특히나 계주 우승이라는 공동 목표가 있기에 두 선수는 더욱 선의의 경쟁과 협력을 할 것으로

나란히 선두를 질주하는 두 선수

기대된다.

경기 스타일에서 두 사람은 확연한 차이를 보인다. 체력이 좋은
심석희 선수가 중반 이후 앞에서 레이스를 이끄는 중장거리 종목
에 강하다면 상대적으로 최민정 선수는 단거리까지 골고루 좋은
성적을 거두며 막판 스퍼트로 경기를 뒤집는 묘기를 자주 보여 주
었다. 상호 보완하는 콤비인 두 선수의 힘찬 질주와 승리의 환호.
코칭 스태프와의 감격적인 포옹을 강릉 아이스 아레나에서 꼭 볼
수 있기를 기대한다.

이번 시즌 두 선수는 4차례 열린 월드컵 시리즈에서 1,500m는

최민정이 1위, 심석희가 2위를 차지했고, 1,000m는 최민정이 2위, 심석희가 3위를 기록했으며, 500m에선 최민정이 2위를 차지했다. 두 선수의 경쟁상대로는 작년 세계선수권자인 영국의 엘리스 크리스티뿐만 아니라 이번 시즌 들어 쾌조의 컨디션을 보이고 있는 캐나다의 킴부탱과 마리안느 생젤레가 꼽히고 있다. 킴부탱은 1,000m 랭킹 1위, 마리안느 생젤레는 500m 랭킹 1위에 올랐다. 계주 랭킹에서도 캐나다는 대한민국, 중국에 이어 3위에 올라 있다.

이전 올림픽의 경우, 중국과 대한민국의 2파전이 치열하게 벌어지는 가운데 캐나다는 3위에 머무르는 경우가 많았는데, 이번 시즌에는 캐나다가 그 어느 때보다도 강력한 모습을 보이고 있는 데 반해, 소치 이후 중국은 계속 하락세를 보이고 있다. 물론 중국 여자 대표팀의 저력을 무시할 수는 없지만 이번 시즌 중국 여자 선수들은 계주 이외엔 메달 획득이 어려워 보일 정도로 매우 부진하다. 대한민국의 숙명적인 라이벌이자, 반칙 군단인 중국이 올림픽에서는 다시 부활할 수 있을지, 아니면 캐나다가 NO. 3의 설움을 벗어던지고 대한민국의 강력한 라이벌로 급부상할지도 흥미로운 관전 요소이다.

그리고 지난 시즌 폭주기관차의 오명을 벗어던지고 무서운 질주를 했던 영국의 엘리스 크리스티가 올 시즌의 부진을 씻고 다시 최민정과 심석희를 위협할 수 있을지도 대한민국의 올림픽 성적에 지대한 영향을 끼칠 요소다. 시즌 초 부상 때문에 극도로 부진했던 엘리스 크리스티는 목동에서 열린 4차 대회 500m에서 최민정

1   인터뷰 후 사인을 한 심석희 선수(사진 제공 이주영)

2   이제는 환한 미소를 보이는 최민정 선수

을 제치고 금메달을 따내며 부활의 조짐을 보였다. 앞서 거론한 캐나다의 선수들과 영국의 엘리스 크리스티, 이탈리아의 백전노장 아리아나 폰타나, 중국의 판커신과 저우양이 대한민국 선수들과 자웅을 겨룰 듯하다.

🏅 그들만의 성공 비결

승부의 세상에서 지는 것을 좋아하는 운동선수가 있을까? 단 한 선수도 없을 것이다. 운동선수뿐만 아니라 일반인이라고 해도 왠만한 승부에선 이기기를 원한다. 어릴 적부터 한 팀에서 훈련한 심석희, 최민정 두 선수도 서로에게 결코 지고 싶지 않을 것이다. 하지만 두 선수에겐 계주 우승이라는 공통의 목표가 있을 뿐만 아니라 서로 앞서거니 뒤서거니 하면서 개인전에서 선의의 경쟁을 펼쳐야 하는 숙명이 있다. 그래서 언론에서는 두 선수를 '여자 쇼트트랙의 쌍두마차'라고 부르고 있다. 결코 지고 싶지 않지만 적의는 없는 라이벌이란 존재는 우리 각자의 발전을 이끌어내는 견인차 역할을 한다. 실전에선 전의를 불태우지만 승부 후엔 서로 격려할 수 있는 라이벌. 끝없는 발전을 갈구하는 우리에겐 그런 라이벌이 필요할지도 모른다.

👥 권 작가가 기억하는 두 선수

사실 두 선수와는 나이 차가 너무 많이 나고, 인터뷰도 직접 진행하지 않아서 인연은 거의 없다시피 하다. 다만 심석희 선수의 경우 한번은 국가대표 선발전이 끝나고 방송사와 인터뷰를 진행할 때 옆에서 구경했는데, 정말 키가 크다는 생각을 했다. 하지만 키가 큰 사람은 싱겁다는 오래된 선입관과 달리 인터뷰나 SNS를 통해 접하는 심석희 선수는 나이가 어리지만, 생각이 깊다는 느낌을 받았다. 또 세상의 모든 맛집을 탐방하겠다는 엉뚱한 목표를 가지고 있고, 배우 김우빈의 열렬한 팬으로 올림픽이 끝나고 김우빈을 만나서 매우 기뻤다는 이야기도 들었다. 심석희 선수의 팬페이지 이름은 '그린 기린'인데 평화를 사랑하고 온화한 성격의 심석희 선수 이미지와 매우 잘 어울리는 이름이라고 할 수 있겠다.

최민정 선수의 경우도 인터뷰는 직접 진행하지 않았지만 오래전 아이스뉴스에서 인터뷰를 한 적 있다. 그때 최민정 선수는 매우 수줍음이 많은 여고생이었다. 그때까지만 해도 최민정 선수가 이만큼 잘할 거라 예상한 사람은 많지 않았다. 하지만 최민정 선수는 무서운 기세로 세계 무대를 평정했고 이제는 어엿한 대학생이 되어 올림픽 무대에 나서고 있다. 그 당시 경기 중 최민정 선수를 보면 여러 가지 재미있는 일들이 있었다. 처음에 최민정 선수는 긴장해서인지 경기에서 우승하고도 전혀 웃지를 않아서 '얼음 여왕' 같은 느낌을 줬다. 또 경기 중 코너를 돌 때 다른 선수들보다 고개가 옆으로 많이 돌아가 있어 '고개 민정'이란 별명이 붙기도 했다. 하지만 이제는 그런 버릇들이 많이 고쳐져서 감정표현도 잘하고 고개를 많이 돌리지도 않게 되었다.

목동에서 벌어진 2016 세계선수권 대회에 갔을 때, 우연히도 최민정 선수의 코치인 조재범 코치의 옆에 앉게 됐다. 경기 내내 조재범 코치는 매우 초조해하며 최민정 선수의 선전을 응원했다. 앞서 말한 대로 심석희, 최민정 선수는 조재범 코치의 팀에서 같이 운동한 바 있다. 이제는 국가대표팀에서 조재범 코치의 지도를 받으며 운동하는 만큼 두 선수가 더욱 좋은 성적을 낼 수 있을 것으로 기대한다.

임효준, 황대헌

자기 확신과
대담함

임효준, 황대헌 두 선수는 올림픽 시즌에 국제무대에 데뷔하는
셈이지만 수년간 국제무대에서 활약해온 기존 국가대표 선수들
보다 더 뛰어난 활약을 펼치고 있다. 이 두 선수의 눈부신 활약
엔 자신에 대한 확신과 대담함이 깔려 있다.

지난 소치 올림픽에서 대한민국 남자 대표팀은 노메달이라는 충격적인 성적표를 받아들었다. 여러 가지 요인이 있겠지만 가장 큰 원인은 대한민국 쇼트트랙을 이끌고 나가던 곽윤기, 노진규 두 선수가 부상과 질병으로 올림픽에 나가지 못한 것이었다. 앞서 심석희, 최민정 선수 이야기에서도 쓴 바와 같이 대한민국 쇼트트랙 대표팀이 좋은 성적을 거둘 때는 에이스와 그에 못지않은 실력의 이인자가 선의의 경쟁을 펼치며 대표팀의 성적을 견인했다. 그런 면에서 지난 소치 올림픽에서는 그런 에이스와 이인자 역할을 할 선수가 없었던 것이 가장 큰 문제였다.

이번 평창 동계올림픽은 어떨까? 적어도 소치 올림픽 때와 같은 노메달의 부진을 겪진 않을 듯하다. 지난 소치 동계올림픽 남자 대표팀은 올림픽 출전권이 걸린 월드컵 시리즈에서부터 자칫하면 올림픽 출전권도 못 따는 거 아니냐는 불안감을 던져줄 정도로 부진했다. 오죽하면 어깨 부상(으로 알고 있었지만 실제로는 골육종) 중인 노진규 선수가 올림픽 개인전 출전 자격이 없는데도 티켓 확보를 위해 개인전에 출전해서 출전권을 따왔을 정도였다. 그에 반해 이번 시즌 남자 대표팀은 기대 이상의 성적을 거두며 올림픽에 대한 기대감을 높이고 있다.

이번 장의 주인공은 그렇게 대한민국 남자 쇼트트랙 대표팀의 선전을 이끄는 두 선수, 임효준과 황대헌 선수이다.

두 선수는 2017 쇼트트랙 국가대표 선발전에서 나란히 종합 1, 2위를 차지하며 올림픽 개인종목 출전권을 따냈고 선수촌에선 룸메이트로 같은 방을 쓰고 있다. 평창 동계올림픽에서 새로운 신데렐라로 등장할 두 선수. 룸메이트이자 소울메이트인 두 선수의 이야기이다.

임효준 - 제2의 안현수에서 하나뿐인 임효준으로

안현수. 혹은 빅토르 안. 쇼트트랙 역사상, 아니 전 세계 스포츠 역사상 유래를 찾아보기 힘든 귀화 스캔들을 일으킨 안현수 선수는 대한민국 국민들에게 복잡한 감정을 안겨 주는 선수이다. 누가 뭐래도 안현수 선수는 쇼트트랙 역사상 최고의 선수라고 할 수 있다. 전 세계 쇼트트랙 선수를 통틀어 올림픽 금메달만 6개를 따내고, 세계선수권을 6회 우승한 선수는 안현수 선수가 유일하다. 안현수 선수의 러시아 귀화에 대해 여러 가지 견해가 있을 수 있지만, 그 누구도 그가 세계 최고의 쇼트트랙 선수이자 쇼트트랙 황제임은 부정할 수 없다. 이런 안현수 선수에 비겨 제2의 안현수라고 불리는 선수가 있다면 매우 뛰어난 잠재력이 있는 선수일 것이다.

지난 2017 쇼트트랙 국가대표 선발전에서 종합 1위의 성적을 거둔 임효준 선수는 제2의 안현수라는 수식어가 오래전에 붙었을 정도로 뛰어난 실력을 갖춘 선수이다. 안현수 선수가 졸업한 한국체육대학교 후배이기도 한 임효준 선수. 과연 그가 제2의 안현수라는 수식어를 뛰어넘어 쇼트트랙 선수 임효준이란 이름을 전 세계에 알릴 수 있을까? 이미 그는 2017 국가대표 선발전에서 깜짝 놀랄 실력으로 전·현 국가대표 선수들을 제치고 종합 1위에 올랐을 뿐만 아니라 이번 시즌 월드컵 1차 대회를 통해 쇼트트랙의 황제 안현수의 후계자가 될 자질을 보였다.

제2의 박태환을 꿈꾸다 쇼트트랙 선수로

어릴 적부터 운동 신경이 좋았던 임효준 선수를 그의 부모님은 박태환 같은 수영 선수로 키우려고 했다. 하지만 면봉으로 장난을 치다 고막을 다치면서 임효준 선수는 수영을 그만둬야만 했다. 이후 임효준 선수는 세계 최고의 인기 스포츠인 축구 선수가 되겠다고 결심했지만, 부모님은 그가 개인종목 선수로 성공하길 원했다. 결국 그는 부모님의 뜻을 따라 집에서 가까운 아이스링크를 다니다 초등학교 4학년 때 쇼트트랙 선수가 됐다.

뛰어난 자질 덕분에 어려서부터 각종 국내 대회를 휩쓸며 주목을 받은 임효준 선수는 2012년 제1회 동계유스올림픽 쇼트트랙 남자 1,000ｍ 정상에 올랐다. 그때 함께 여자부 1,000ｍ에서 우승한 선수가 바로 심석희 선수였고, 선수촌 룸메이트이자 월드컵 1차 대회에서 함께 1, 2위를 휩쓸었던 황대헌 선수가 4년 후 같은 종목에서 우승한 것도 재미있는 인연이다.

이렇게 승승장구하던 임효준 선수는 주니어무대를 넘어 국가대표에 도전하려던 고등학교 2학년 때 그만 오른 발목이 골절되는 부상을 입고 만다. 이제 막 선수로서의 기량이 꽃피려던 찰나 시련이 닥친 것이다. 지루한 재활 끝에 6개월 만에 복귀했지만 오래지 않아 이번에는 오른쪽 발목 인대가 끊어지는 부상을 입는다. 그리고 다시 지리한 재활 끝에 몸 상태를 회복하여 참가한 대회에선 앞에서 넘어진 선수에 걸려 넘어져서 허리를 다치는 부상을 입는다. 그야말로 불운의 연속. 그렇게 지긋지긋한 부상의 악몽 속에서도 그는 자신의 실력에 대한 믿음만은 버리지 않았다. 하지만 다시 오랜 재활을 마치고 출전한 2016 국가대표 선발전에서 그는 종합 순위 10위에 그치며 그 자존심마저 큰 상처를 입었다. 하지만 이때 그는 좌절하기만 한 것은 아니었다. 몸 상태가 정상이라면 더 좋은 성적을 거둘 수도 있다는 자신감도 얻었다고 한다.

이에 절치부심하여 1년간 훈련에 몰두한 임효준 선수는 2017 국가대표 선발전에서 놀랄 만한 기량을 보여 주며 종합 성적 1위

선전을 다짐하는 임효준 선수

에 올라 올림픽 출전권을 따냈다. 특히나 스피드를 능수능란하게 조절하며 순식간에 선두로 뛰쳐나가는 모습은 전성기의 안현수 선수의 모습을 연상한다는 평을 받았다.

이날 경기장을 찾은 임효준 선수의 어머니께서는 아들의 우승에 펑펑 눈물을 흘리셨다는 후문이다. 부모님으로서도 그간 마음고생도 심하셨을 것이다.

재미있는 것은 임효준 선수가 선발전을 앞두고 용과 호랑이가 싸우는 꿈을 꿨다는 것이다. 보통은 태몽으로 많이 꾸는 꿈인데 미혼 남성인 임효준 선수가 꾼 것은 올림픽에서 치열한 경쟁 끝에 금메달을 얻는다는 꿈이 아닐까 싶다.

그리고 또 하나 재미있는 이야기가 있다. 임효준 선수는 중요한 시합 전에는 늘 헤어스타일이나 패션에 변화를 준다. 지난 선발전을 앞두고 임효준 선수는 펌을 했다고 하는데 다가올 평창 올림픽 때는 어떤 변화를 줄지 궁금하다.

스피드와 순발력, 완급조절로 올림픽 정상을 꿈꾼다

2017 국가대표 선발전이 국내 무대에서 그의 실력을 보여 준 대회였다면, 2017 쇼트트랙 월드컵 1차 대회는 국제무대에서 그의 경쟁력을 입증한 대회였다. 임효준 선수는 1차 월드컵 대회에서 1,500m와 1,000m에서 금메달, 500m에서는 은메달을 따내며 순식간에 세계 최고 스케이터의 자리에 올랐다. 다른 나라 선수들뿐만 아니라 언론들, 코칭스태프들까지 깜짝 놀랄 정도의 훌륭한 성적

곽윤기 선수와 세레모니를 하는 임효준 선수
(사진 제공 전예진)

으로 전 세계의 쟁쟁한 실력자들을 번번이 추월하며 본인의 장점을 맘껏 과시했다고 할 수 있다. 특히나 1,000m 결승에서 막판에 네덜란드의 싱키 크네흐트 선수에게 역전을 허용했다가 결승선을 앞두고 극적으로 추월하는 장면에선 임효준 선수의 기량과 순발력, 승부욕이 고스란히 드러난다. 오랫동안 대한민국이 기다리던 막판에 경기를 뒤집는 에이스의 모습을 보여 준 것이다. 김기훈, 채지훈, 김동성, 안현수 모두 경기 막판 뒤집기로 올림픽 금메달을 따 온 바 있다. 하지만 호사다마라고, 결승선을 통과하던 임효준 선수는 싱키 크네흐트 선수에게 밀려 넘어지면서 빙판에 엉덩방아를 찧었고 가벼운 부상을 입자, 더 이상 경기에 나가지 않고 귀국하였다. 검사 결과 가벼운 요추 염좌라는 진단을 받고, 이후 경기에 출전하지 않고 재활에 힘쓰다가 목동에서 열린 월드컵 4차 대회에 출전한 임효준 선수는 70~80%의 몸상태여서 자신의 스타일대로 경기를 하지 못하여, 개인종목 노메달에 그치는 부진을 보였다. 하지만 5,000m 계주에선 마지막 주자로 나서 제일 먼저 결승선을 통과하며 대한민국이 월드컵 시리즈 남자 계주에서 1,071일 만에 금메달을 따내는 데 기여했다. 임효준 선수가 계주 2번 주자로 나선 건 처음이어서 긴장도 많이 했지만, 형들의 격려를 받으며 최선을 다해 최고의 결과를 얻을 수 있었다고 한다.

힘들 때마다 '의심은 오로지 연습으로만 없앨 수 있다'는 말을 되새기며 빙상장으로 달려간다는 임효준 선수. 그는 현재 평창 동계올림픽 4관왕을 노리고 있다. 과연 그 바람이 이루어질지 알 수 없으나 지난 1차 월드컵 대회를 통해 그 가능성은 보여줬다고 할 수 있다. 다만 그의 가장 큰 적은 그 누구도 아닌 바로 부상. 5년의 세월을 부상으로 허비하고 이번 월드컵 시리즈의 절반도 날린 만큼 이번엔 꼭 부상 없이 건강하게 올림픽을 치르길 바란다.

🏅 그만의 성공 비결

한 번이라도 끔찍할 부상을 3번이나 당하고도 임효준 선수가 다시 일어설 수 있었던 것은 강한 자기 확신이 있었던 덕분이다. 특히 '의심은 오로지 연습으로만 없앨 수 있다'는 말을 믿고 힘들수록 연습에 연습을 거듭한 것이 오늘 날 그의 실력을 만든 원동력일 것이다. 무엇보다도 부상 후 치룬 선발전에서 부진한 성적을 거뒀음에노 성상석인 몸 상태였다면 충분히 국가대표로 선발될 것이라는 자신감을 얻었다는 것에서 그의 비범함을 엿볼 수 있다. 스포츠뿐만 아니라 세상 모든 일을 함에 있어 가장 중요한 것은 자신감이다. 물론 그를 뒷받침하는 노력과 실력도 갖춰야 하는 것은 당연한 이치다.

황대헌 - 대한민국 쇼트트랙의 앙팡테리블!

앙팡테리블(enfant terrible)은 프랑스어로 '무서운 아이'라는 뜻으로 프랑스 소설가인 장 콕토가 쓴 동명의 소설 제목에서 비롯된 말이다. 원래 뜻은 깜찍하고 엉뚱한 짓을 잘하는 조숙한 아이를 가리키는 말이었지만, 기성세대가 기존의 도덕관념과 사회적 권위에 대해 도전하는 젊은 세대에 대해 은근히 느끼는 당혹감과 두려움을 표현하는 말로 유행하기도 했다.

이 단어는 스포츠계에서도 자주 사용하는데, 주로 10대 어린 선수가 기존 성인 선수들을 능가하는 활약을 펼쳐 주변 사람들이 깜짝 놀랄 때 많이 쓴다. 축구로 따지면 90년대 후반 K리그의 중흥을 이끌었던 고종수 선수나 바르셀로나 유소년 출신으로 이탈리아 세리에-A 헬로스 베로나에 입단한 이승우 선수가 이에 해당한다고 할 수 있을 것이다. 우리나라 쇼트트랙 선수 중에도 10대 때부터 맹활약을 펼쳤던 선수들이 있다. 남자선수 중에는 1992년 알베르빌 동계올림픽 계주 멤버로 나섰던 송재근 선수가 있었고, 김동성 선수도 1997년 세계선수권과 1998년 나가노 올림픽 1,000ｍ에서 우승할 당시 고등학교 학생이었으며, 2002년 솔트레이크 동계올림픽에 깜짝 출전했던 안현수 선수도 고등학생 신분이었다. 여자 선수들은 말할 것도 없다. 전이경, 고기현, 진선유, 심석희 등 우리가 아는 대부분의 금메달리스트가 10대의 어린 나이에 세계 정상에 올랐다.

하지만 쇼트트랙이 보다 과학화되고 선수 생활의 수명이 길어지면서 점점 10대에 깜짝 활약을 펼치는 선수는 줄어드는 추세다. 특히나 점점 상향평준화되고 있는 남자부의 경우, 2010년대 들어 고등학교 선수가 좁고 좁은 대한민국 국가대표 선발전의 관문을 뚫고서 국가대표로 선발되는 경우는 매우 드물었을뿐더러 어쩌다 좁은 문을 열고 국가대표가 되어도 미미한 성적만을 남겼다. 다만 고 노진규 선수만이 2010년 국가대표로 선발되자마자 세계 무대를 평정하는 활약을 펼쳤을 뿐이다.

오래간만에 등장한 10대 고교생 에이스 황대헌

그런데 이번에 소개하는 황대헌 선수는 전혀 10대 같지 않은 모습으로 세계 쇼트트랙 계를 뒤흔들어 놓고 있다. 2016-2017 시즌, 부상당한 기존 국가대표 선수들을 대신하여 처음으로 국가대표팀에 선발된 그는 2차 월드컵 1,000m에서 세계 신기록을 달성한 것은 물론이고, 아시안 게임에 참가하는 기존 국가대표 선수들 대신 출전한 5차 대회 500m에서 은메달, 6차 대회 1,000m에서 금메달을 획득하는 깜짝 활약을 펼쳤다. 네덜란드의 싱키 크네흐트, 캐나다의 찰스 해믈린과 사무엘 지라드, 헝가리의 리우 샤오앙, 리우 샨도린 형제까지 모두 제치고 거둔 값진 성과였다.

월드컵에서 자신감을 얻은 여세를 몰아 2017 국가대표 선발전에서도 종합 2위의 성적을 거둔 황대헌 선수는 당당히 올림픽 개인전 출전권을 따냈을 뿐 아니라 이어지는 월드컵 대회에서도 계속 좋은 성적을 거두며 앙팡테리블의 면모를 보였다. 월드컵 1차 대회에서는 1,500m와 1,000m에서 은메달, 500m에서 동메달을 따냈는데 재미있게도 이는 모두 임효준 선수 다음 순위였다. 순위만 놓고 보면 임효준 선수의 뒤를 황대헌 선수가 졸졸 따라다니는 듯한 성적이다. 그리고 임효준 선수가 허리 부상으로 빠진 2차 대회에서는 1,500m 금메달, 500m 동메달을 따내며 남자 대표팀의 에이스 역할을 했고, 왼팔 부상을 입은 상태로 출전한 3, 4차 대회에서도 맹활약을 펼쳐 1,500m 랭킹 1위, 1,000m 랭킹 2위, 500m 랭킹 4위에 올랐다.

기대주의 껍질을 벗고 이제는 올림픽 무대에서

어려서부터 황대헌 선수는 쇼트트랙 유망주로 기대를 모았다. 5살 때 부모님과 함께 빙상장에 갔다가 재미있어 보여서 스케이트를 시작했다는 그는 스릴감에 반해 쇼트트랙을 선택했고 그 후 국내 대회를 휩쓸며 주목을 받았다. 하지만 중학교 3학년 때 입은 허리와 발 부상으로 수술을 받으면서 힘겨운 재활 기간을 거쳐야만 했다. 그리고 마침내 부활한 그는 2016년 동계 유스올림픽에 대한민국 대표로 참가하여 1,000m 금메달을 따냈을 뿐만 아니라 앞서 이야기한 대로 2016-2017 시즌 월드컵 대회에 대체 멤버로 참가하여 눈부신 성적을 거두며 성인 무대에서도 그 진가를 발휘하기 시작했다.

올해 4월 국가대표 선발전에서 종합 2위에 오르며 올림픽 개인 전 출전권을 따낸 황대헌 선수는 월드컵 무대에서도 좋은 성적을 거둬 자력으로 올림픽 출전권을 확보했을 뿐 아니라 유력한 금메 달 후보에 이름을 올렸다. 특별히 선호하는 개인전 종목이 없다는 그는 그 말을 증명이라도 하듯 월드컵 무대에서도 전 종목 좋은 성적을 거두었다. 고 노진규 선수와 안현수 선수를 롤모델로 삼고 있다는 황대헌 선수는 고 노진규 선수의 경우 훈련장 안팎에서 늘 성실하고 꾸준해서 보고 느낀 점이 많고, 안현수 선수는 스케이팅 이 부드럽고 기술적으로 뛰어나다며 월드컵에서 붙어 봤는데 정 말 잘한다고 감탄했다. 공교롭게도 그가 롤모델로 삼고 있는 두 선 수 모두가 고등학생일 때 국가대표가 된 선수들이기도 하다. 올림 픽이라는 큰 무대에서 목표와 성과를 이룰 수 있도록 최선을 다하 겠다고 다짐하는 황대헌 선수. 평소에는 힘든 훈련 중에도 막내로 서 아무 말 대잔치로 분위기를 띄우는 활력소 역할을 한다고 한 다. 형들과 함께 노력해서 첫 올림픽을 웃으면서 끝내고 싶다는 그 의 바람이 꼭 이루어지길 기원한다.

'하룻강아지 범 무서운 줄 모른다'라는 속담이 있지만 정말 힘세고 날쌘 하룻강아지라면 범을 무서워하기는커녕 사냥할 수도 있다. 황대헌 선수는 어린 나이에 국제무대에 데뷔하고도 긴장하기는커녕 당돌할 정도로 당당하게 자신의 실력을 세계 강자들 앞에서 뽐냈다. 세계 정상을 노리려면 이런 대담함도 필요하다. 그 대담함이 올림픽 무대에서도 주눅 들지 않고 자신의 실력 이상을 발휘하게 해줄 것이다. 그리고 자신 있는 종목을 특정하지 않음으로써 한계를 미리 정하지 않는 것 또한 그가 모든 종목에서 골고루 좋은 성적을 거두는 비결이라 할 수 있다. 무슨 일이든 지레 겁먹고 도망칠 필요는 없다. 우리에겐 아직 무한한 가능성이 있기 때문이다.

룸메이트이자 닮은꼴인 두 선수,
올림픽에서도 함께 웃을 수 있길

앞서도 이야기했듯이 두 선수는 선수촌 룸메이트로 함께 생활하고 있을 뿐만 아니라 국가대표 선발전에서 1, 2위를 차지하며 올림픽 개인전 출전권을 따냈고, 함께 출전한 월드컵 1차 대회에서 1,500m와 1,000m에서는 금, 은메달을, 500m에서는 은, 동메달을 나란히 차지하며 마치 껌딱지와 같은 모습을 보였다. 두 선수 모두 올라운드 플레이어로 중장거리뿐만 아니라 단거리에서 좋은 모습을 보이는 것조차 닮았다. 두 선수가 이렇게 친하다 보니 임효준 선수는 황대헌 선수가 방에서 함께 생활할 때는 잠도 못 잘 정도로 말이 많다며 평소엔 낯가림이 심하고 쑥스러움이 많지만 친한 사람들 사이에서는 완전히 달라진다고 푸념할 정도이다.

화기애애한 대표팀의 분위기를 반영하듯 룸메이트가 아니라 소울메이트 같은 모습을 보이는 두 선수. 평창 올림픽에서도 두 사람의 바람대로 시상대 위에서 함께 웃을 수 있기를 바란다.

권 작가가 보는 두 선수

개인적으로 두 선수와 인연은 없지만, 두 선수가 국가대표로 선발되기 전부터 주목해서 본 바로는 조심스럽게 올림픽에서 깜짝 놀랄 만한 성적을 낼 것이라 점치고 있다. 두 선수는 그동안 올림픽에서 스타덤에 오른 선수들의 공통점을 빠짐없이 갖추고 있기 때문이다. 성실성과 천재성, 빼어난 외모까지. 내년 올림픽이 끝나고 두 선수는 분명히 스타덤에 오를 것이고 많은 팬이 생길 것이다. 부디 그때도 초심을 잃지 않고 운동에 정진하길 바란다. 아직 두 선수는 매우 어리고 오랫동안 선수 생활을 해야 하기 때문이다. 두 선수의 활약을 오랫동안 보고 싶다. 그리고 무엇보다 부상을 조심하기 바란다.

故 노진규와 서이라

성실성과 꾸준함

대학동기이자 국가대표 동기인 두 선수는 외모나 경기 스타일
은 많이 다르지만 엄청난 성실함을 갖춘 노력파라는 점에서 비
슷하다고도 할 수 있다. '노력은 배신하지 않는다'라는 명언을
증명해 줄 롤모델이라고 할 수 있다.

한 소년이 있었다. 9살 소년에겐 세 살 위 누나가 있었다. 스피드스케이팅 선수로 잘나가는 누나를 뒷바라지하던 어머니는 어린 그를 혼자 집에 두고 가는 것이 불안해서 '너도 한 번 스케이트를 타봐라'라고 권유했고, 별생각 없이 스케이팅화를 신었던 소년. 둘이서 타는 스피드스케이팅보다 여러 선수가 작은 원을 빠르게 돌면서 견제하는 쇼트트랙이 훨씬 재미있다고 느낀 소년은 누나와 달리 쇼트트랙 선수가 되었다.

하지만 중학교 3학년 때 국가대표가 된 누나에 비하면 소년은 늦게 주목을 받았다. 무려(?) 고등학교 3학년이 되어서야 국가대표 선수가 된 소년. 하지만 그렇게 국가대표로 데뷔한 2010~2011 시즌에 소년은 무려 세계선수권에서 개인종합 우승을 차지하고, 2011 동계아시안게임에선 2관왕에 오르는 기염을 토한다.

또 다른 한 소년이 있었다. 초등학교 4학년 때 현장학습으로 고대 아이스링크장에서 처음으로 스케이트를 타보고 재미를 느껴 부모님을 졸라 쇼트트랙 선수가 된 소년. 그는 어려서부터 쇼트트랙 유망주로 주목을 받았지만 국가대표와는 거리가 멀었다. 2011년 세계주니어선수권 3,000m 슈퍼파이널에서 뒤로 골인하는 파격 세리머니와 함께 종합 우승을 했지만, 그 해 국가대표 선발전에서는 3,000m 슈퍼파이널에서 넘어지며 종합 6위에 머물고 만다.

이후 두 소년은 입학이 예정되어 있던 한국체육대학교 빙상부에 나란히 입학하여 동기가 된다. 그해 세계선수권 우승자와 세계 주니어선수권 우승자. 대한민국 남자 쇼트트랙의 미래를 짊어진 두 소년의 만남이었지만 위상 차이는 꽤 컸다. 그리고 한 소년이 다른 소년을 목표로 삼을 정도로 한동안 실력 격차도 컸다. 하지만 세계선수권에서 우승할 정도로 밝은 미래만 보이던 소년에게 예기치 못한 불행이 닥치며 어렸을 때부터 꿈꾸던 올림픽 출전의 꿈은 무산된다. 뿐만 아니라 그에게 좌절을 안겨줬던 질병은 더 안타깝고 고통스러운 비극을 안겨 준다. 향년 23세의 어린 나이에 세상을 떠나야만 했던 것. 공교롭게도 그가 세상을 떠나는 날, 그의 친구는 국내 최고 선수의 자리에 오르며 국가대표 자격을 다시 한 번 획득한다. 그리고 1년 후, 그는 6년 전 친구가 우승했던 세계선수권에서 우승하며 올림픽 출전의 꿈을 대신 이룬다.

　　이 드라마틱한 이야기의 주인공은 쇼트트랙 전 국가대표 고 노진규 선수와 현 국가대표 선수 서이라 선수이다. 4년에 한 번 쇼트트랙을 주목하는 방송과 언론의 관심은 온통 안현수, 이제는 러시아의 빅토르 안 선수에 쏠려 있지만, 우리 남자 대표팀에도 빅토르 안에 못지않은 실력과 사연을 가진 선수가 있었고 지금도 있다.

노진규 - 쇼트트랙의 별이 된 어린왕자

혜성처럼 등장한 어린왕자

2010-2011 시즌 개막을 앞둔 대한민국 남자 쇼트트랙의 전망은 어두웠다. 지난 밴쿠버 올림픽에서 2관왕에 올랐던 이정수와 계주 멤버인 곽윤기가 짬짜미 파동으로 징계를 받아 국제대회 출전을 할 수 없었고, 단거리의 강자였던 성시백이 은퇴하면서 대표팀 전력에 커다란 구멍이 뚫려 버린 상황에서 강제 세대교체에 나서야 하는 상황이었다. 이때 혜성같이 등장한 선수가 바로 노진규 선수였다. 그는 고등학교 3학년의 나이에 2010년 세계주니어 선수권대회에서 개인종합 우승을 하고, 국가대표로 데뷔하여 월드컵과 세계선수권을 거푸 제패하며 새로운 스타로 등극했다. 특히나 2011-2012 시즌 월드컵 6개 대회에선 1,500m 금메달을 모두 따내는 기록을 세우며 중장거리의 절대 강자로 군림했다. 2011년 카자흐스탄 아스타나-알마타에서 열린 동계아시안게임에서는 1,500m와 계주에서 금메달을 따내며 누나 노선영과 함께 동반 금메달리스트가 되기도 했다.

2012년 세계선수권에서는 징계 후 복귀한 곽윤기 선수에게 아깝게 정상을 내줬지만, 준우승을 차지하며 여전히 세계 정상권 기량을 뽐낸다. 러시아로 귀화하여 빅토르 안이란 이름으로 세계 무대에 복귀한 안현수가 조금씩 예년의 기량을 되찾으며 대한민국 남자 대표팀을 위협하긴 했지만, 여전히 노진규와 곽윤기가 이끄는 남자대표팀의 성적은 훌륭했다.

하지만 곽윤기 선수가 부상을 당하여 2013 세계선수권 출전이 무산되고, 노진규 선수마저 부진하면서 대한민국 남자 대표팀의 앞날에 안개가 끼기 시작한다. 노진규 선수는 2013 국가대표 선발전에서도 좋은 성적을 거두지 못해 올림픽 계주 경기에만 출전할 수 있는 3위에 그치고 만다(이때 부진의 원인은 훗날 밝혀진다).

2014 소치 올림픽 출전권이 걸린 2013-2014 쇼트트랙 월드컵 3, 4차 대회에서 대한민국 남자대표팀은 매우 부진했다. 곽윤기 선수가 부상으로 국가대표 선발전에서 탈락하고 2013 세계선수권에서 우승했던 신다운 선수와 2013 국가대표 선발전에서 우승했던 이한빈 선수, 선발전 2위를 차지했던 박세영 선수가 중압감에 시달리며 계속 좋지 못한 성적을 거두면서 자칫하면 올림픽 출전권을 대거 놓칠 위기에까지 처한다. 바로 그때 고군분투하던 선수가 노진규였다. 본인이 출전할 수 없는 올림픽 개인종목이지만 그는 동료들의 출전권 확보를 위해 달리고 또 달렸다. 사실 그때 이미 노진규 선수의 왼팔은 정상이 아니었다. 당시 경기 영상을 보면 왼팔을 거의 움직이지 못한 채로 이를 악물고 달리는 노진규 선수의 모습이 보인다. 결국 노진규 선수의 활약에 힘입어 한국 남자 대표팀은 개인전과 계주 올림픽 출전권을 상당수 확보하는 데 성공했다.

스타트 라인에 선 서이라 선수(사진 제공 함영산)

안타까운 소치행 무산

그러나 진짜 문제는 그다음에 일어났다. 노진규 선수는 2014년 1월 14일 태릉빙상장에서의 훈련 도중 미끄러지면서 왼팔을 펜스에 부딪쳤고, 그 과정에서 어깨와 팔꿈치가 부러져 올림픽 출전이 무산되기에 이른다. 뿐만 아니라 이를 치료하는 과정에서 그간 노진규 선수를 괴롭혀 온 병이 악성 종양인 골육종인 것이 드러난다. 그야말로 하늘이 무너지는 듯한 소식이었다. 소치 올림픽에 출전하여 러시아로 귀화한 안현수 선수와 당당하게 경쟁하겠다는 오랜 꿈이 무너진 것은 물론이요, 앞으로의 선수 생활도 장담할 수 없는 처지가 된 것이다.

그 후 노진규 선수는 수술과 항암치료를 받으며 병실에서 올림픽을 지켜본다. 하지만 자신이 출전권을 따낸 올림픽 경기에서 동료들이 안타깝게 실격과 탈락 등으로 노메달에 그치며 국민적인 지탄을 받는 상황을 묵묵히 지켜봐야만 했다. 당시 노진규 선수는 남자부의 첫 경기이자 본인이 세계무대에서 절대적인 강자로 군림했던 종목인 1,500m 경기 후 동료들의 선전을 기원하는 육필 편지를 자신의 SNS에 남기기도 했다.

그 내용은 다음과 같다.

1,500m는 운이 많이 안 따라 준 거 같아. 아직 남은 경기가 많이 있고 단체전인 계주가 남았으니까 부담 갖지 말고 늘 연습해 오

던 대로 자신감 있게 경기해 줬으면 좋겠어. 서로서로를 믿고 돌아오는 비행기에서는 모두 웃으면서 돌아왔으면 좋겠어. 여자들도 긴장하지 말고 해오던 대로만 하면 정말 좋은 결과 나올 거 같으니까 마지막까지 화이팅하자!

하지만 노진규 선수의 격려가 무색하게 남자 대표팀의 부진은 계속 이어졌다. 특히나 노진규 선수 대신 출전했던 이호석 선수가 계주 준결승에서 넘어지면서 남자 계주 대표팀의 결승전 진출이 무산됐을 때는 정말 이보다 더 나쁠 순 없는 상황이 되었다.

뿐만 아니라 누나 노선영 선수가 출전한 스피드스케이팅 경기가 생중계되지 않는 실망스러운 상황까지 이어진다. 노진규 선수에겐 실망과 상처투성이 올림픽이었다.

이후 1년간의 투병 생활 끝에 노진규 선수의 골육종은 완치된 듯이 보였다. 수술과 항암치료로 몸속의 종양이 완전히 사라졌다는 판정을 받았기 때문이다. 그 후 노진규 선수는 2~3개월에 한 번씩 검사를 받으며 재활 운동을 통해 재기의 의지를 불태운다.

갑작스럽고도 슬픈 요절

그러나 팬들도 노진규 선수의 복귀를 애타게 기대하는 상황에서, 갑작스럽게 골육종이 재발한다. 결국 노진규 선수는 마지막 작별 인사도 없이 2016년 4월 3일 오후 8시 안타깝게도 세상을 떠난다.

노진규 선수는 당시 국가대표팀을 지도하던 박세우 감독이 "본인이 가르친 선수 중에서 가장 성실한 선수"라고 할 정도로 최고의 성실성을 인정받은 선수였다. 본인의 장점은 체력과 열심히 하는 것밖에 없다면서 죽어라 연습과 훈련만 하는 연습벌레에, 하는 일이 스케이트, 취미도 스케이트라고 할 정도라고 365일 운동과 스케이트만 알고 살던 바보였다. 하지만 하늘은 무심하게도 이렇게 착하고 성실한 그를 일찍 데려가 버렸다. 공교롭게도 그의 팬클럽 카페 이름은 '빙판 위의 어린왕자'. 그는 그렇게 영원한 소년이자 어린왕자인 채로 쇼트트랙의 별이 되었다.

🏅 그 만 의 성 공 비 결

우직하다는 말을 들을 정도의 성실성은 노진규 선수의 가장 큰 장점이었다. 그 성실성을 바탕으로 그는 세계 최고의 자리에 오를 수 있었고 많은 이들의 경탄을 받았다. 게다가 자신이 출전하지도 못할 개인 종목에 나가 올림픽 티켓을 따오는 희생정신까지. 비록 짧은 생을 살다 갔지만, 앞으로도 그의 이름이 많은 이들의 가슴에 수줍은 미소와 함께 오래도록 남을 이유다. 그는 영원한 쇼트트랙의 별로 빛날 것이다.

서이라 - '목동의 왕자'가 '세계의 왕자'가 되다

오랜 슬럼프를 깨고 세계 정상에 오르다

앞서 잠깐 이야기했지만, 노진규 선수의 대학동기이자 2017 세계선수권대회 우승자인 서이라 선수는 이제 막 전성기를 향해 달

직선 주로를 질주하는 서이라 선수

려가고 있는 선수이다. 그는 2011년 짧게 국가대표 선수 생활을
경험하기도 했지만, 그 후 2년 정도 긴 슬럼프를 겪으며 친구의 질
주를 지켜봐야 했다. 그리고 2014년 국가선발전에서 당당히 1위
를 차지하며 국가대표로 복귀하였고, 이후 월드컵 시리즈에서 몇
번의 우승을 경험하고 다음 시즌과 그다음 선발전까지 3회 연속
종합 우승하였다. 뿐만 아니라 2017 세계선수권 대회에선 모두의
예상을 깨고 전 종목 입상하며 세계 최강자의 자리에까지 올라간
다. 그동안 국가대표 선발전이 열리는 목동에서만 잘한다고 해서
붙었던 '목동의 왕자'란 별명을 뛰어넘어 '세계의 왕자'가 되는 순간
이었다.

　　서이라 선수의 '이라'라는 다소 특이한 이름은 성경에 나오는 단
어로 '항상 깨어 있으라'는 뜻이라고 한다. 이름에서 알 수 있듯이

그는 독실한 개신교 신자이다. 별명인 서리짱은 쩌리짱이 유행할 때 붙은 별명이라고 한다. 서이라 선수는 낙천적이고 긍정적인 성격으로 항상 서글서글 웃는 얼굴이 매력적인 청년이다. 또 경기 후 독특한 세리머니로 눈길을 끄는 선수이기도 하다. 최근엔 모든 영광을 하나님께 바친다는 뜻에서 하늘을 향해 두 팔을 뻗는 세리머니를 하고 있다.

🏅 **그만의 성공 비결**

방황은 해도 포기는 없다. 서이라 선수가 한참 슬럼프에 빠져 있을 때, 그는 방황은 했어도 포기는 하지 않았다. 이후 국가대표가 되어서 3년 연속 국내 최고의 자리에 올랐지만 세계무대에서 경쟁력은 인정받지 못했다. 이제 세계 최고의 선수가 되었지만, 그가 올림픽에서 좋은 성적을 거둘 수 있을지는 아직 알 수 없다. 이번 시즌 다소 부진한 성적은 자신의 한계를 드러낸 것일 수도 있고, 슬로우 스타터라서 컨디션을 조절한 것일 수도 있다. 정말 중요한 것은 그가 하나하나씩 단계를 밟으며 꾸준히 발전하는 모습을 보여주고 있다는 것이다. 대기만성형으로서 자신의 한계를 계속 뛰어넘는 그의 모습은 수많은 선수들과 일반인들에게 귀감이 될 것이다.

노진규와 서이라

어려서부터 친구이자 경쟁 상대였던 노진규와 서이라 선수.

두 선수는 매우 대조적인 스타일의 선수다. 노진규 선수가 쇼트트랙 선수로서는 장신인 178㎝의 키에 엄청난 지구력을 바탕으로 중장거리에 강한 스타일인데 반해 서이라 선수는 160대의 작은

인터뷰 중인 서이라 선수(사진 제공 함영산)

키에 빠른 순발력으로 500m에서 좋은 성적을 거둬왔다. 물론 이제 서이라 선수는 올라운드 스타일로 진화해서 지난 세계선수권 대회 전 종목에서 순위권에 드는 발전을 이룩하기는 했지만, 본인의 장점은 단거리에 있다고 말할 정도로 대한민국 선수 중에서는 드문 스프린트 형이었다. 성격도 조용조용하고 운동밖에 몰랐던 노진규 선수와 달리 서이라 선수는 인터뷰에서 랩을 할 정도로 활달하고 유쾌한 성격으로 음악을 듣는 것이 취미라고 한다.

이렇게 활달한 성격의 서이라 선수지만 태극마크의 무거움과 금메달의 어려움을 잘 알고 있다. 그래서 팬들에게 쇼트트랙에 대한 사랑과 관심을 당부하고 있다. 물론 목표도 쇼트트랙 올림픽 26년 역사상 전무했던 4관왕으로 크게 잡았다.

서이라 선수가 친구의 못다한 한을 풀고 실추된 한국 남자 쇼트트랙의 자존심을 회복할 수 있을지는 아직 알 수 없다. 이번 시즌 서이라 선수의 월드컵 성적은 1,500m 7위, 1,000m 10위, 500m 6위로 지난 시즌 세계 챔피언답지 않게 다소 저조했다. 하지만 슬로우 스타터인 만큼 올림픽에 맞춰 컨디션을 끌어올린다면 훨씬 좋은 결과도 기대할 수 있다.

물론 좋지 않은 결과가 나올 수도 있다. 하지만 그렇다 해도 항상 긍정적인 성격인 그이기에 훌훌 털어버리고 또다시 빙판을 질주하리라는 것은 분명히 알 수 있다. 그는 항상 그렇게 살아왔기 때문이다. 그리고 쇼트트랙은 계속되기 때문이다.

👥 권 작가와 두 선수의 인연

나와 두 선수는 나름 깊은 인연이 있다. 노진규 선수는 아이스뉴스에서 두 번 인터뷰를 진행했는데 내가 직접 하지 않아서 직접적인 안면은 없었다. 다만 아이스뉴스에서 빙상 선수들을 초청해서 팬들과의 만남을 가졌을 때 직접 본 노진규 선수는 매우 성실하고 겸손한 청년이었다. 그래서 어린왕자란 별명이 참 잘 어울린다는 생각을 했다.

그리고 소치 올림픽이 끝나고 한참 후 나는 노진규 선수가 완쾌되어 정상적인 재활 운동을 하는 줄 알고 페이스북 메시지로 팬들과의 만남을 할 수 있느냐고 물었다. 그때까지만 해도 그의 병이 그렇게 심각한지 몰랐기 때문이다. 그때 노진규 선수는 정중하게 거절했다. 선수로서 자신의 모습을 온전히 회복한 후 팬들과 만나고 싶었기 때문이리라.

하지만 그로부터 1년 후 국가대표 선발전이 끝난 날 노진규 선수의 부음이 전해져서 나뿐만 아니라 많은 선수들이 큰 충격을 받았다.
나는 안타깝고 슬픈 마음에 디씨인사이드 빙상갤러리에 쇼트트랙 팬들을 대상으로 조의금을 모금하자는 공지를 올렸고 몇몇 네티즌들이 보내준 돈에 내 돈을 합쳐서 빈소를 찾았다. 봉투에는 '대한민국 쇼트트랙 팬 일동'이라고 적었다.

사실 소치 올림픽에 출전했던 한 선수는 내게 금메달을 따면 그 포상금을 전액 노진규 선수 치료비에 보태겠다고 말했을 정도로 선수들 사이에서도 노진규 선수에 대한 안타까움과 정은 깊었다. 하지만 대표팀의 부진과 안현수 선수 귀화가 맞물리면서 소치 올림픽 남자 대표팀은 노메달의 수모를 겪었고, 박근혜 전 대통령까지 나서 진상 조사를 지시하자 빙상연맹은 국가대표 선발전 방식을 획기적으로 개선하기에 이른다. 어쨌든 노진규 선수의 안타까운 사연은 안현수 러시아 귀화 파동에 휩쓸려 사라졌고, 너무나 안타까운 요절도 일부 빙상 팬들과 언론상에서만 회자됐을 뿐이다. 물론 노진규 선수가 늦게라도 체육유공자로 지정되면서 조금의 아쉬움은 덜었지만…

나는 몇백만 원의 거금을 들여 평창 동계올림픽 쇼트트랙 경기 티켓을 여러 장 예매했다. 그리고 노진규 선수의 동료이자 선후배였던 남자 대표 선수들이 노진규 선수를 대신해 올림픽에서 선전하는 모습을 현장에서 관람하고 응원할 계획이다. 노진규 선수의 못다한 꿈을 그의 동료들이 꼭 이루어주길 기원한다.

그리고 서이라 선수.

사실 서이라 선수는 어릴 적부터 그 이름을 알고 있었다. 잘 아는 만화 스토리작가분께서 "아는 사람의 아들이 쇼트트랙 선수를 하고 있다."며 "잘하기는 하는데 국가대표가 될 정도는 아니다."라고 하셨는데, 그 선수가 바로 서이라 선수였다. 그 후 몇 번의 인터뷰를 진행하며 만난 서이라 선수는 너무나도 순수하고 밝은 청년이었다. 이 선수는 잘됐으면 좋겠다는 마음이 절로 들 정도로 인터뷰하면 기분이 좋고 마음이 맑아지는 느낌이었다. 사실 필자가 쇼트트랙을 응원한 지 20년이 넘었는데 2000년대 들어 만화스토리작가라는 직업을 가진 후부터 쇼트트랙을 소재로 만화를 그려야겠다는 생각에서 몇 편이나 시나리오를 썼다. 쇼트트랙만큼 흥미진진하고 반전 요소가 많은 데다가 대한민국이 세계 정상에 군림하는 스포츠는 없기 때문이었다. 하지만 단 한 편도 작품화가 안 된 상황에서 서이라 선수와 노진규 선수의 이야기를 접하며 이제는 두 사람의 이야기를 웹툰으로 만들어 보면 어떨까 하는 생각을 했다. 안타깝게도 작가의 역량 부족인지 인연이 없어서인지, 혹은 둘 다 때문인지 작품화가 되지 못했다. 언젠가 그런 작품을 만들 수 있었으면 좋겠다. 오랜 바람이다.

엄 코치와 두 선수의 인연

나에게 노진규 선수는 '성실'이란 단어 그 자체였다. 노진규 선수는 스무 살의 어린 나이에 국가대표 선수로 합류했다. 선수촌에서 그 힘든 훈련 일정을 소화하면서 쉬고 싶고, 놀고 싶을 텐데 항상 다른 사람들보다 일찍 일어나 제일 먼저 준비 운동을 시작했다. 무릎이나 발목을 보강해 주는 고무밴드 운동을 알려 주면 밴드가 찢어질 때까지 열심히 당기고 또 당겼다. 말수가 적고 내성적인 것처럼 보이지만 자신의 목표로 정한 것에는 엄청난 집중력을 보였다. 그는 매사에 긍정적이고 자신감이 넘쳤

엄성흠 코치와 사진을 찍은 서이라 선수

다. 지금 생각해 보면 그 당시 곽윤기, 성시백, 이정수 등 엄청난 실력의 형들과 함께 운동했는데도 시합장에 들어서면 막내의 수줍은 모습은 온데간데없고 위풍당당한 모습으로 변신했다.

곽윤기 선수는 '진규는 엄청난 애'라고 했다.

"끊임없이 노력하고 부족한 것을 극복하려고 애쓰는 선수이다. 그리고 한번 드라이브를 걸기 시작하면 절대 지치지 않는 초인 같은 힘을 발휘한다."라고 했다.

대략 약 10년 전 상비군으로 만난 노진규와 서이라는 닮은 듯 안 닮은 친구들이었다.

두 사람은 내가 중학생 때부터 재활운동지도를 한 이효빈과 공상정 등 비슷한 또래의 친구들과 함께 합숙을 하는 상비군 훈련에서 신체의 중심을 잡는 코어 운동으로 '외발 밸런스 테스트'를 했다. 스케이팅 기술이 뛰어난 4명이었지만 안 해 보던 근육운동이라 쉽지 않았던 모양이다. 테스트 결과 네 사람의 성적은 C, D 등급이었다. 그런데 그 후 네 사람은 얼마나 연습을 하고 왔는지 3일 만에 A등급으로 향상되었다. 훗날 모두 국가대표가 된 이 친구들은 어렸을 때부터 상황에 대처하는 태도가 남달랐던 것 같다.

노진규 선수는 나와 권 작가가 함께 준비한 소아암 돕기 행사에도 적극적으로 참여했다. 곽윤기, 노진규, 성시백, 이정수, 김민정, 박승희, 조해리 선수와 이강석, 박도영 선수도 바쁜 훈련일정 중에서도 '따뜻한 세상을 만들기'란 좋은 취지의 행사에 적극 참여해 주었다. 생각해 보면 노진규, 서이라 선수의 팬들은 항상 성실하고 열심히 노력하는 모습을 응원했던 것 같다.

힘든 상황에서도 밝은 미소를 보여 주었던 쇼트트랙의 레전드 선수.

대한민국 국가대표 노진규 선수의 멋진 모습을 많은 사람들이 기억해주길 바란다. 더불어 서이라 선수의 선전도 기원한다.

김선태 총감독

부드러운
리더십

무엇보다도 대표팀의 악재와 본인의 악재를 슬기롭게 극복해 내며 올림픽을 준비하는 모습은 대표팀 구성원들뿐만 아니라 국내 언론에게도 큰 신뢰감을 주었다. 21세기형 리더십의 모범을 보여주고 있는 김선태 감독의 코칭은 평창 올림픽에서 큰 위력을 발휘할 뿐만 아니라, 이후에도 큰 화제가 될 것이다.

혼히들 대한민국 축구 국가대표팀 감독 자리를 '독이 든 성배'라고들 한다. 대한민국 축구 지도자라면 누구나 꿈꾸는 영광스러운 자리지만 그만큼 위험 부담도 크고 잃을 것도 많은 자리라는 얘기이다.

그런데 사실 우리나라 국민들은 대한민국 축구국가대표팀 감독에게 그리 많은 것을 바라지는 않는다. 월드컵 본선 정도는 어렵지 않게 가주고, 본선에서 16강 정도 가면 대성공, 못해도 1승 1무 정도만 거둬도 박수를 받으며 귀국할 수 있을 것이다.

하지만 그에 비해 대한민국의 동·하계 올림픽 효자종목인 쇼트트랙과 양궁에 대한 기대는 훨씬 커서 대표팀이 금메달을 따지 못하면 욕을 먹을 수밖에 없다. 물론 쇼트트랙과 양궁의 종목적 위상을 전 세계 최고 인기 스포츠인 축구와 감히 비교할 수는 없겠지만, 적어도 종목 내에서의 쇼트트랙과 양궁의 위상은 축구로 따지면 브라질이나 독일 정도는 된다고 볼 수 있겠다. 쇼트트랙의 경우, 현재까지 쇼트트랙에서 나온 올림픽 금메달은 48개인데 이 중 한국이 44%인 21개를 따냈으니 얼마나 한국의 비중이 큰지 알 수 있다. 그렇다 보니 올림픽에 출전하는 쇼트트랙과 양궁 대표팀의 감독이 받는 압박감과 스트레스는 상상을 초월한다. 금메달을 따야 본전인 종목들이다 보니 최선에 최선을 다해 준비하고 작은 실수 하나라도 발생하지 않도록 만전을 기해야 한다. 특히나 평창 동계올림픽은 한국에서 최초로 열리는 동계올림픽이다 보니 그 부담감은 더욱 커질 수밖에 없다.

국내에서 열리는 올림픽에서 금메달 퍼레이드를 벌이기는커녕 죽을 쑨다면 대표 선수들은 물론이고 감독도 엄청난 비난을 받으며 감독 직 사퇴와 더불어 이민을 고려할 정도로 큰 상처를 받을 것이다.

　이렇게 진정한 '독이 든 성배'라고 할 수 있는 대한민국 쇼트트랙 국가대표팀 감독을 맡고 있는 사람은 바로 김선태 감독이다. 1976년생으로 만 올해 41세가 된 그는 1998년 나가노 올림픽에 계주 멤버로 참가한 이력이 있다. 당시 계주 후보 멤버로 올림픽 대표에 선발된 김선태 선수는 부상으로 경기에 나서지는 못하고 동료들이 아쉽게 은메달을 따는 광경을 지켜봐야만 했다.

명코치로 주목받다

　이후 후배들을 위해 선수 생활을 은퇴하고 직장 생활을 하다가 바(bar)도 운영했던 그는 현역 시절의 경험을 살려 장비 전문 코치가 되었고, 대한민국에서 스케이트 날을 제일 잘 깎는 '날 전문가'로 각광을 받았다. 덕분에 대표팀 상비군 코치와 장비 담당을 맡았던 그는 2004년 중국 장춘 쇼트트랙 대표팀 감독으로 부임하여 밴쿠버와 소치 올림픽 1,500m에서 대한민국 여자 대표팀에게 연달아 패배의 쓴잔을 안겨준 저우양을 비롯하여 세 명의 국가대표 선수를 키워냈다. 그리고 국내에 다시 돌아왔다가 일본 대표팀의 콜업을 받고 2010 밴쿠버 올림픽에 출전하는 일본 대표팀 감독으로 올림픽 무대에 데뷔했다. 비록 일본 선수들과 세계 정상권 선수들의 기량 차가 커서 메달을 따지는 못했지만, 그의 지도는 일본 선수들에게 많은 영향을 주어서 한 일본 선수는 스케이트를 타는 방식 자체가 바뀌었다고 말할 정도였다.

사실 일본 쇼트트랙은 초창기에 세계 정상권 기량을 자랑하며 한국에 쇼트트랙을 가르칠 정도로 쇼트트랙 선진국이었다. 초창기 대한민국의 지도자들이나 선수들이 일본 스케이팅 책과 경기 영상을 사다가 공부할 정도로 일본은 대한민국보다 몇 수 위에 있는 나라였다. 그러나 김기훈 선수와 초창기 지도자들의 피나는 노력 덕분에 대한민국 쇼트트랙이 세계 정상의 자리에 올라 몇 십 년째 그 자리를 지키고 있는 데 반해, 일본 쇼트트랙은 90년대 간판선수였던 데라오 사토루 이후 좋은 선수를 발굴하지 못해 세계 5~8위권을 맴도는 쇼트트랙 2류 국으로 전락했다. 아시아 무대에서조차 대한민국과 중국에 밀려 3위에 만족하는 처지가 된 것이다.

그런 일본이 자존심을 굽혀 가면서까지 김선태 코치를 국가대표 감독으로 초빙한 것은 그만큼 그의 실력과 지도력을 인정했다는 이야기이다. 비록 밴쿠버 올림픽에서 일본 대표팀이 괄목할 만한 성적을 거두진 못했지만, 김선태 감독의 겸손한 태도와 리더십은 일본 현지 언론으로부터도 큰 호평을 받았다. 트레이드 마크인 뿔테 안경을 쓰고 학생과도 같은 모습으로 항상 열정을 다해 지도하는 그의 모습은 일본 기자들에게도 매우 인상적으로 보였다고 한다.

인터뷰 중인 김선태 감독

자국의 국가대표 감독이 되다

밴쿠버 올림픽이 끝나고 귀국한 김선태 코치는 다시 중국 지방팀의 코치로 갔다가 2014년 소치 올림픽이 끝나고 대한민국 국가대표팀 남자팀 코치이자 쇼트트랙 대표팀 총감독에 선임된다. 알다시피 2014 소치 올림픽에서 대한민국 남자대표팀은 2002년 솔트레이크시티 올림픽 이후 12년 만에 노메달의 수모를 당했다. 솔트레이크시티 올림픽은 사상 최악의 편파 판정으로 김동성 선수가 1,500m에서 미국의 안톤 오노에게 금메달을 강탈당하는 불상사라도 있었지만 소치 올림픽에서 대한민국 남자 대표팀의 부진은 실력+안현수 선수의 귀화로 대한민국 국민들에게 받은 비난으로 인한 정신적인 스트레스가 복합적으로 어우러져 벌어진 참사였다.

물론 앞서 이야기한 대로 남자 국가대표팀의 쌍두마차인 곽윤기, 노진규 선수가 부상으로 출전이 무산된 상황에서 애초에 좋은 성적을 기대하기는 어려웠다. 2013 세계선수권 우승자인 신다운 선수와 2013 국가대표 선발전 우승자인 이한빈 선수의 선전이 기대됐지만 안타깝게도 두 선수 모두 경험 부족으로 좋은 성적을 거두지 못했다. 이에 오래전부터 제기됐던 국가대표 선발전의 불합리성이 불거져 선발전 방식이 대폭 변경됐을 뿐 아니라 기존의 내부 추천제로 국가대표 감독을 뽑던 방식도 바꿔 외부공모 및 추천을 통해 국가대표팀 감독을 선출했다. 결국 지도자 추천 위원회를 통해 김선태 코치와 여준형 코치가 남녀 대표팀 감독으로 선출됐고 그중 김선태 코치가 대표팀 감독도 겸임하게 됐다.

그야말로 금의환향, 화려하게 국가대표팀 감독으로 복귀한 김선태 감독은 선수들과의 적극적인 소통을 통해 자신감을 다시 살리는 데 중점을 뒀다. 뿐만 아니라 기존의 체력 위주의 스파르타식 훈련과 달리 과학적이고 효율적이며, 체계적인 훈련을 통해 선수들의 의욕을 높였다. 또한 시스템을 대폭 개선하여 재활이나 선수 개개인의 몸 상태를 관리해 주는 프로그램도 도입했다. 그 결과 2014-2015시즌 대한민국 남자 대표 선수들은 지난 시즌의 부진을 씻고 월드컵 시리즈에서 연이은 승전보를 전했다.

그리고 이어 벌어진 2015 쇼트트랙 세계선수권. 대한민국 국가대표 선수로 세계선수권 5연패를 하고, 러시아로 귀화하여 2014

세계선수권을 우승했던 빅토르 안의 홈그라운드인 러시아 모스크바에서 열린 세계선수권 대회였다. 설욕을 벼르던 대한민국 남자 대표팀은 박세영 선수가 1,000m에서 금메달을 따내며 종합 우승에 한발 다가섰지만 아쉽게도 마지막 3,000m 슈퍼파이널에서 네덜란드의 싱크 크네흐트에게 역전을 허용하며 종합 순위에서도 간발의 차이로 2위에 그치는 불운을 맛봐야 했다. 그래도 지난 시즌의 부진을 씻는 선전이었고, 여자부에서는 무서운 신예 최민정 선수가 첫 종합 우승을 차지하는 기대 이상의 성적을 거뒀다. 당연히 대한빙상연맹에서도 김선태 감독을 재신임했고, 다음 시즌보다 나은 성적이 기대됐다.

잇따른 악재를 극복하다

그런데 2016년 4월, 쇼트트랙 국가대표 선수 3명이 불법 스포츠 도박 사이트에서 상습 도박을 했다는 뉴스가 대한민국을 강타했다. 안 그래도 소치 올림픽에서의 부진으로 국민적인 여론이 좋지 않은 상황에서 현직 국가대표 선수들이 상습 도박을 했다는 소식은 국민의 공분을 일으켰을 뿐만 아니라 김선태 감독의 마음도 매우 힘들게 했다. 하지만 김선태 감독은 동요하지 않고, 선수들의 마음을 다잡으며 함께 훈련에 매진했다.

그런데 더욱 안타깝고 황망한 소식이 전해졌다. 2016년 12월 쇼트트랙 월드컵 2차 대회를 마치고 몸에 이상을 느껴 검진을 받은 김선태 코치에게 대장에 종양이 생겼다는 청천벽력 같은 진단이

내려진 것이다. 겨우 만 40세, 불혹의 나이에 암이라니…. 이제 막 지도자로서 날개를 펼치려던 김선태 감독에게는 너무나 가혹한 선고였다. 하지만 '수신제가치국평천하'라는 말대로, 우선 본인의 몸부터 다스려야 하는 상황이기에 김선태 감독은 대한빙상연맹에 사직서를 내고 항암치료를 받았다. 다행히도 대장암을 초기에 발견한 덕에 무사히 퇴원한 김선태 감독은 다시금 국가대표 감독직에 지원했고 빙상연맹은 지도자로서 좋은 성과를 낸 김선태 감독을 다시 국가대표팀 감독에 선임했다. 그 사이 목동에서 벌어진 2016 세계선수권 대회에서 대한민국 남자 대표팀은 중국 대표팀에게 개인종합 우승뿐만 아니라 계주 우승까지 내주는 치욕을 당하며 분루를 삼켜야만 했다. '김선태 감독이 코칭 박스에 있었으면 어땠을까?'하는 의미 없는 가정을 할 수밖에 없는 시간이었다. 그나마 고군분투한 최민정 선수가 세계선수권 2연패에 성공한 것이 위안거리였다. 그리고 다시금 찾아온 2016-2017 시즌. 대한민국 남자 국가대표팀은 김선태 감독의 지도 아래 다시 금빛 질주를 시작했고, 여자 대표팀도 부활한 심석희 선수와 최민정 선수가 좋은 성적을 거뒀다. 특히 대한민국에겐 올림픽 다음으로 중요한 대회인 아시안게임에서 대표팀은 라이벌 중국을 압도하며 5개의 금메달을 획득했다. 다만 여자부의 경우 이승재 코치의 지도 아래 급성장한 영국의 엘리스 크리스티의 상승세가 무서웠다. 엘리스 크리스티는 월드컵 시리즈에서 최민정 선수와 심석희 선수를 여러 차례 이기며 더는 폭주기관차가 아님을 증명했다.

1 평창 로고를 배경으로 인터뷰 중인 김선태 감독

2 경기 중 작전 지시 중인 김선태 감독

그리고 네덜란드 로테르담에서 벌어진 쇼트트랙 세계선수권 대회. 네덜란드 현지에선 홍보 영상을 통해 자국의 쇼트트랙 영웅 싱키 크네흐트를 띄우며 각국의 선수들을 라이벌로 지목했는데 그중 대한민국 선수는 없었다. 그야말로 쇼트트랙 제국이라고 할 수 있는 대한민국의 굴욕이었다. 이 굴욕에 화답하듯 대한민국 남자 대표팀 선수들은 첫 종목이었던 1,500m부터 무서운 질주를 했고 마침내 '목동의 왕자'였던 서이라 선수가 '세계의 왕자'로 거듭나며 세계선수권 종합 1위를 차지한다. 2013년 신다운 선수의 우승 이후 대한민국 선수로는 4년 만에 거둔 값진 종합 우승이었다. 김선태 감독에게도 2015년 자신에게 불의의 패배를 안겼던 싱키 크네흐트에게 멋지게 복수하는 자리가 되었다. 다만 여자부의 최민정 선수가 납득할 수 없는 판정으로 연거푸 실격을 당한 끝에 종합 6위에 머물며 세계선수권 3연패에 실패한 것은 아쉬운 결과였다.

어쨌든 소치 올림픽에서 최악의 부진에 빠졌던 대한민국 남자 국가대표팀은 김선태 감독의 부임 이후 다시금 세계 정상권 기량을 되찾으며 평창 올림픽에서의 선전을 기대케 하고 있다. 여자부도 심석희, 최민정 선수를 지도했던 조재범 코치가 지난 시즌에 이어 다시 국가대표팀 코치로 선임되어 두 선수와 멋진 하모니를 만들어 낼 것으로 기대되고 있다.

우려를 기대로 바꾸다

사실 평창 올림픽을 앞둔 남자 쇼트트랙 국가대표팀에 대한 우려의 시선이 있는 것도 사실이다. 국가대표팀 에이스인 서이라 선수뿐만 아니라 개인전 출전권을 딴 국가대표 선발전 1위 임효준 선수와 무서운 10대로 선발전 2위를 차지한 황대헌 선수도 올림픽 출전 경험이 전무하기 때문이다.

선수들의 경험치만 보면 2014년 소치 올림픽 대표선수단과 다를 게 없는 것이 현 남자대표팀이다. 그도 그럴 것이 소치 올림픽 대표팀도 2013년 세계선수권자인 신다운 선수와 2013 국가대표 선발전 1위였던 이한빈 선수, 선발전 2위 박세영 선수 모두 올림픽 출전 경험이 전무했고, 계주 멤버인 노진규 선수를 대신해 출전한 이호석 선수만이 2회 올림픽 출전 경험이 있었을 뿐이다. 현 대표팀도 계주멤버로 출전할 곽윤기 선수를 빼고는 모두 올림픽 출전 경험이 없다. 하지만 무엇보다도 홈그라운드인 평창에서 열리는 올림픽이고, 소치 올림픽 이후 국가대표팀을 지켜온 김선태 감독이 있기에 큰 걱정은 안 해도 될 것이라고 믿는다. 김선태 감독도 어린 선수들이 많은 만큼 분위기만 잘 잡히면 좋은 모습을 보일 것이라고 말한 바 있다.

그의 말대로 남자 대표팀은 점점 좋아지는 모습을 보여 주고 있다. 10월에 열린 월드컵 1차 대회에서 임효준 선수와 황대헌 선수가 개인전 메달을 거의 다 싹쓸이한 것을 비롯하여 임효준 선수가 부상으로 빠진 2차 대회에서는 황대헌 선수가 빼어난 성적을 거뒀다. 12월에 열린 3차, 4차 대회에서는 임효준, 황대헌 선수의 부상 후유증으로 개인전 성적이 1차만큼 좋지는 못했지만, 그동안 너무나 부진했던 남자 계주에서 2위와 1위를 차지하며 자신감을 높인 것은 커다란 성과였다. 주장 곽윤기 선수가 4차 대회 계주 결승 경기 후에 한 인터뷰에서 김선태 감독 이하 코칭 스태프에게 감사의 말을 전할 정도로 김선태 감독의 지도가 대표팀의 경기력을 끌어올리는 데 커다란 역할을 하고 있는 것이다.

🏅 그만의 성공 비결

부드러운 리더십의 전형을 보여주고 있는 김선태 감독의 성공은 리더라면 여러 모로 참조할 만하다. 그가 감독이 되고서 가장 먼저 한 것은 상담을 통해 선수들의 자신감을 북돋는 것이었고, 그 다음은 훈련 시스템의 개선이었다. 누가 뭐래도 쇼트트랙은 멘탈 스포츠고 선수들의 멘탈이 흔들리면 좋은 성적이 나올 수가 없다. 소치 올림픽에서 남자 대표팀이 부진한 성적을 가장 큰 이유는 바로 그 멘탈이 망가졌기 때문이었다. 또한 태릉선수촌에서 가장 훈련을 많이 하는 것으로 알려져 있는 쇼트트랙 대표팀의 훈련 방식을 바꾼 것도 놀랄 만한 개혁이었다. 물론 여전히 훈련은 고되고 힘들지만 예전처럼 무식하게 양으로만 승부하는 훈련이 아니라는 것이다. 무엇보다도 대표팀의 악재와 본인의 악재를 슬기롭게 극복해내며 올림픽을 준비하는 모습이야말로 대표팀 구성원들뿐만 아니라 국내 언론에게도 큰 신뢰감을 준 장면이었다. 21세기형 리더십의 모범을 보여주고 있는 김선태 감독의 코칭은 평창 올림픽에서 큰 위력을 발휘할 뿐만 아니라, 이후에도 큰 화제가 될 것이다.

💬 권 작가와 김선태 감독의 인연

나와 김선태 감독의 인연은 꽤 오래 거슬러 올라간다. 그러니까 나가노 올림픽이 끝나고 대한민국 쇼트트랙 국가대표 서포터즈인 블루 히어로즈의 발대식을 하던 날, 김선태 감독(당시는 선수)는 행사장을 찾아왔고

우리는 함께 케이크를 잘랐다. 그리고 몇 년 후 김선태 감독의 팬들과 함께 그가 출전했던 1997년 전주 하계유니버시아드 대회 경기 영상을 감상하는 자리에도 김선태 감독이 왔다. 비록 그 자리에 많은 팬이 함께하지는 못했지만, 김선태 감독은 성심성의껏 팬들과 소통했고 그런 그에 큰 고마움을 느꼈다.

사실 본인은 기억할지 모르겠지만 그보다도 전에 홍대 앞에서 나와 김선태 감독, 이호응 코치, 또 다른 친구가 사적으로 만난 적이 있다. 하필이면 그날이 나의 생일이었는데 소식을 전해들은 김선태 감독은 내게 삼각팬티를 선물해줬다. 이제 와 하는 얘기지만 통풍이 잘 안 돼 많이 입지는 못했지만, 고마웠다.

그 후로 나는 김선태 감독의 소식을 뉴스로만 전해 들어야 했다. 중간에 핸드폰을 바꾸기도 했고 서로 다른 길을 가다 보니 연락할 기회가 없었기 때문이다. 하지만 어쩌다가라도 김선태 감독의 소식을 들을 때면 내일처럼 기뻤고 항상 잘되길 기원했다. 그의 훌륭한 인성과 성실함을 알기에 반드시 성공할 것이라고 믿었다.

그리고 마침내 그가 대한민국 쇼트트랙 국가대표팀 감독으로 선임됐다는 소식을 접했을 땐 진짜 기뻤다. 그리고 국가대표 선발전에서 김선태 감독을 만나 연락처를 받은 후 다시 만나기도 했다. 비록 짧은 시간이었지만 선뜻 나와 준 그가 고마웠다.

하지만 오래지 않아 그의 투병 소식을 듣고 너무나 속상했다. 필자의 집안에도 암 투병 환자가 있는데다가 몇 년 사이 절친을 둘이나 병마로 잃어서 정말 슬프고 힘들었기 때문이다. 그리고 대한민국 쇼트트랙의 어린왕자 노진규 선수도 암으로 세상을 떠나지 않았던가.

그래서 그가 병마를 이겨 내고 다시금 국가대표팀 감독이 되고 4년 만에 세계선수권 우승을 일궈내는 모습을 보면서 너무나 기쁘고 흐뭇했다. 때문에 그와 다시 만나 함께 사진을 찍고 그의 선전을 기원했다. 독이 든 성배라는 호칭이 정말 잘 어울리는 대한민국 쇼트트랙 국가대표팀 감독. 그 어려운 중책을 맡아 최선을 다하고 있는 그의 모습은 정말 자랑스럽고 듬직하고 멋있다.

다가올 평창 올림픽에서 대한민국 국가대표팀이 어떤 성적을 거둘지는 알 수 없다. 흔히들 하는 말로 올림픽 금메달은 하늘이 점지하기 때문이다. 하지만 성적이 어떻든 간에 나는 김선태 감독이 이미 이겼다고 생각한다. 그는 암이라는 치명적인 병마뿐 아니라 극심한 스트레스와 싸워 이겨 대한민국 쇼트트랙 국가대표팀 감독으로서 지금껏 훌륭한 성적을 거뒀을 뿐만 아니라 다가올 평창 올림픽에도 도전하고 있기 때문이다. 감히 친구로서, 그리고 팬으로서 그의 선전을 기원한다. 선태야. 꼭 이겨라. 가까운 곳에서 응원할게.

곽윤기, 김아랑

만형,
맏언니 리더십

남녀 대표팀의 최고참으로서 분위기를 띄울 뿐만 아니라 경기
에서도 맹활약을 펼칠 두 선수는 형님, 언니 리더십으로 대표팀
의 선전을 앞장 서 이끌 것이다.

SPORTS INNOVATION

2012. April 창간준비호

곽윤기
세계선수권 우승의
달콤쌉싸름한 맛

Interview
김환이, 황현선, 이효빈, 최지현
김해진, 곽민정
마이클 스위프트
장미

쇼트트랙
국가대표 선발전

세계선수권 우승 이후 권 작가가 만든 잡지 창간호에 표지 모델로 촬영했던 곽윤기 선수

주지하는 바와 같이 쇼트트랙은 개인종목과 단체 종목인 계주가 함께 치러지는 종목이다. 4명의 선수가 함께 뛰는 계주뿐만 아니라 개인으로 출전하는 종목들에서도 '팀플레이'라고 하는 작전은 필요하다. 과거 대한민국 쇼트트랙을 팀플레이한다고 경원시했던 외국 대표팀조차 이제는 승리를 위해 먼저 팀플레이를 할 정도이다. 개인전에서 이 팀플레이가 잘 이루어지기 위해선 치밀한 작전과 함께 구성원 간의 호흡과 조화, 사기가 중요할 것이다. 계주는 말할 것도 없다. 이러한 상황에서 대표팀의 중심을 잡아 주고 분위기를 주도하는 고참 선수의 존재 유무는 올림픽에서 어떤 성적을 거둘지를 결정짓는 요소 중 하나일 것이다. 특히나 이번 대표팀처럼 주축 선수들의 연령이 어리고 선수들의 올림픽 출전 경험이 적은 팀이라면 고참 선수의 중요성이 매우 크다 할 수 있다. 이 챕터에서 전할 이야기는 남녀 대표팀의 최고참을 맡고 있는 김아랑, 곽윤기 선수의 이야기이다. 참고로 공교롭게도 김아랑 선수가 올림픽 개막을 한 달 앞두고 고양시청에 입단함으로써 두 선수는 대표팀에 이어 실업팀에서도 한솥밥을 먹게 됐다.

곽윤기 - 대표팀 맏형

깝윤기가 떴다

지금까지 수많은 쇼트트랙 선수가 있었지만, 곽윤기 선수처럼 굴곡이 많은 선수는 없었다고 해도 과언이 아닐 것이다. 곽윤기 선수는 2007년 신목고 3학년 재학 중에 처음으로 국가대표 선수가 되어 이후 숱한 국제대회에서 입상하였다. 특히 2010년 밴쿠버 동계올림픽을 앞두고 열린 2009년 국가대표 선발전에서는 4위에 오르며 계주 멤버로 선발되어 밴쿠버 동계올림픽에 출전하게 됐다. 당시 부상으로 선발전에서 탈락했던 안현수 선수가 올림픽 출전권을 딴 후배 곽윤기 선수를 축하해 주는 모습을 보여 주어 작은 화제가 되기도 했다.

하지만 4년 후 곽윤기 선수가 똑같은 모습을 연출하게 될 줄은 그 누구도 예상하지 못했을 것이다. 2010 밴쿠버 올림픽에서는 곽윤기 선수는 500m와 계주 마지막 주자로 출전하여, 500m에서는 종합 4위에 오르고 계주에서는 막판 뒤집기로 은메달을 따는 성적을 거둔다. 그리고 계주 시상식에서 곽윤기 선수는 브라운 아이드 걸스의 '아브라카다브라'에 나오는 시건방춤을 춤으로써 단번에 화제의 인물이 된다. 기존 운동선수들과는 차원이 다른 맹랑함과 자유분방함, 뛰어난 패션 감각을 가지고 독특한 헤어스타일까지 소화하는 곽윤기 선수는 쇼트트랙 종목의 한계를 뛰어넘어 패션 아이콘이 될 만한 가능성을 보여 준다.

시련을 극복하고 세계 정상에
하지만 2010 세계선수권 직후, 밴쿠버 올림픽 멤버를 선발하는

1   곽윤기 선수와 그의 부모님
2   질주 중인 곽윤기 선수(사진 제공 정호형)

국가대표 선발전에서 이정수 선수와 짬짜미를 했다는 파문이 일어나며 곽윤기 선수와 이정수 선수는 6개월간 선수 자격을 정지당하고 선수 생활을 쉬게 된다. 휴식 기간 마음을 다잡고 맹훈련으로 자신을 담금질한 곽윤기 선수는 2011 국가대표 선발전에서 종합 1위의 성적으로 화려하게 복귀하였다. 그리고 2012 세계선수권에서 첫 개인종합 우승을 할 때까지만 해도 그의 남은 선수 생활은 탄탄대로만 같았다.

하지만 2013 세계선수권을 앞두고 발목 부상을 당하면서 커다란 먹구름이 끼었다. 2013 국가대표 선발전을 한 달 앞두고 발목에 철심을 끼는 큰 수술을 하면서 그의 올림픽 출전 가능성은 크게 낮아졌고, 혼신의 힘을 다한 재활 훈련으로 기적적으로 몸 상태를 80%가량 끌어올렸지만, 경쟁상대의 집중 견제를 받고 500m를 제외한 중장거리에서 부진하며 두 번째 올림픽 출전은 무산되었다. 4년 전 선배인 안현수 선수가 대표팀 선발전에서 탈락한 것과 너무나도 유사한 결과였다.

남자 대표팀의 쌍두마차였던 곽윤기, 노진규 선수의 부상으로 전력에 커다란 구멍이 뚫린 남자 대표팀이 소치 올림픽에서 노메달의 수모를 받은 것은 새삼 재론할 필요가 없는 사실이다. TV로 그 광경을 지켜보던 곽윤기 선수도 진한 안타까움을 드러냈다.

기대와 아쉬움 사이에서 성숙함으로

이후 곽윤기 선수는 국가대표팀 승선과 탈락을 반복하면서 기대와 아쉬움을 동시에 던져줬다. 안현수-이호석으로 이어지는 세계 최고 테크니션의 계보를 잇는 선수로 세계 최고의 인코스 추월 능력과 순간가속 능력을 갖추고 있어서 항상 팬들의 기대를 모았지만, 단신의 한계와 부상 후유증, 나이에 따른 노쇠화 등으로 전성기에는 못 미치는 성적을 거뒀다. 그래도 꾸준히 컨디션을 끌어올린 그는 마침내 2018 평창 동계올림픽 출전이 걸린 2017 국가대표 선발전에서 선전을 펼쳐 종합 4위의 성적으로 평창 올림픽 계주 출전권을 획득했다.

10여 년간 세계 최고의 쇼트트랙 선수 중 한 명으로 꼽혔지만, 올림픽 개인전 메달이 하나도 없는 그로서는 조금 아쉬운 결과지만, 대표팀의 맏형이자 정신적인 지주로서 팀 내에서 그의 역할을 다해 줄 것으로 기대되고 있기도 하다.

최근 그의 인터뷰를 보면 그는 올림픽을 앞둔 마음가짐으로 "가장 좋은 결과를 얻을 수 있도록 최선을 다하고 있다. 후회 없는 레이스를 하고 싶다.", "전 국민이 뜨거운 응원과 관심을 보내 주시는데 흥분하지 않고 차분하게 우리의 페이스를 지키는 것이 중요하며, 그래서 늘 겸손하려고 노력하고, 다른 친구들에게도 항상 겸손함을 지키자고 이야기하는 편이다."라고 말한다.

8년 전 튀고 싶어 온 국민의 이목이 집중되어 있는 시상식에서 시건방춤을 췄던 곽윤기 선수가 한 말일까 싶을 정도로 그간의 마음고생과 인생 경험이 녹아 있는 답변들이다. 어느새 대표팀 최고참으로 수많은 부침과 희로애락을 겪은 그는 이제 10살 이상 어린 후배들과도 잘 어울리며 팀 분위기를 끌어올리고 있다. 곽윤기 선수의 바람은 대한민국 쇼트트랙 대표팀의 마지막 경기인 남자 계주에서 좋은 성적을 거두는 것이다.

현 남자 대표팀은 아직은 손발이 맞지 않아 월드컵 초반의 성적은 저조했지만, 시간이 갈수록 더 좋은 성적을 내었고 4차 대회에서는 마침내 1,071일 만에 세계 대회 우승을 이뤄냈다. 이에 감격한 대표팀 선수들의 세리머니는 많은 눈길을 끌기도 했다.

과연 남자 대표팀이 올림픽에서도 이 상승세를 이어가 좋은 성적을 거둘 수 있을지는 알 수 없지만, 경험이 풍부한 곽윤기 선수가 있기 때문에 조금 더 안심이 되는 것은 사실이다. 후배들에게 "중요한 경기일수록 힘을 빼고, 자기 페이스대로 가야 한다."라고 조언한다는 곽윤기 선수. 오늘도 그의 힘찬 질주를 응원한다!

🏅 그만의 성공 비결

2017년 KBO 정규리그와 코리안 시리즈를 우승한 기아 타이거즈의 김기태 감독. 그의 형님 리더십은 이전 소속팀인 LG 트윈스 시절부터 화젯거리 중 하나였고, 2017년 기아 타이거즈가 통합우승하는 원동력 중 하나였다. 이번 쇼트트랙 국가대표팀의 곽윤기 선수가 보여주는 형님 리더십도 남자 계주 대표팀이 좋은 성적을 거두는 데 밑거름이 될 것으로 보인다. 10살 이상 어린 동생과도 스스럼 없이 지내고 솔선해서 망가지며 분위기를 띄우는 그의 활약 덕분에 대표팀 분위기가 언제나 흥겹고 활기찼다고 할 수 있다. 물론 단순히 분위기 메이커 역할을 하는 게 아니라 계주에서도 맹활약을 펼쳐 남자 대표팀이 12년 만에 세계 정상에 우뚝 서는 데 큰 역할을 해낼 것이다. 중요한 경기일수록 힘을 빼라는 조언이야말로 수많은 실전 경험에서 나오는 승리의 비결로 대표팀을 승리로 이끌 금언이 될 것이다.

김아랑 - 대표팀 모두를 끌어안는 맏언니

박아랑에서 대표팀 맏언니로

현재 여자 대표팀 최고 고참 선수는 2014 소치 올림픽에도 출전한 바 있는 김아랑 선수이다. 2014년에는 여고생이었던 김아랑 선수는 어느새 대학교 3학년이 되어 본인의 두 번째 동계올림픽을 준비하고 있다.

지난 소치 동계올림픽에서 김아랑 선수와 박승희 선수의 특별한 관계는 작은 화젯거리였다. 중학생 2학년 때 운동을 위해 서울로 올라온 김아랑 선수를 안쓰럽게 생각한 박승희 선수의 어머니 이옥경 씨는 그녀에게 본인의 집에서 함께 하숙할 것을 제안했고, 그로부터 3년간 김아랑 선수는 박승희 선수와 함께 숙식을 하며

박승희 선수와 항상 함께했던 김아랑 선수
(출처: 박승희 선수 인스타그램)

선수 생활을 했다. 대표팀에 들어가서도 박승희 선수와 같은 방을 쓸 정도로 박승희 선수와 김아랑 선수의 관계는 특별했다. 김아랑 선수가 이옥경 씨를 따라 천주교 신자가 되고 이옥경 씨가 그녀의 대모가 됐을 정도이다.

어쨌든 이렇게 박승희 선수, 그리고 박승희 선수의 집안과 돈독한 관계였기에 본명인 김아랑 대신 박아랑이라는 별명이 붙을 정도로 박승희 선수에게 의지했던 김아랑 선수였지만 박승희 선수가 소치 올림픽 이후 스피드스케이팅으로 전향하고 본인도 한국체육대학에 입학하며 홀로서기를 시도한다.

이후 김아랑 선수는 꾸준히 국가대표로 선발되며 월드컵 시리즈에서 몇 차례 메달을 따냈지만, 쌍두마차인 심석희, 최민정의 성적이 워낙 압도적이었기에 김아랑 선수의 성적은 크게 돋보이지 않았고 세계선수권에서 계주 멤버로 2차례 우승에 공헌한 것이 가장 좋은 성과였다. 물론 시즌 중 유니버시아드 대회에 2번 출전하여 개인전과 계주에서 금메달 3개, 은메달 2개, 동메달 1개를 따내기도 했다. 하지만 선수 생활이 항상 좋을 수만은 없다. 오히려 이런저런 부상의 여파로 2016 국가대표 선발전에서 탈락하는 이변을 겪기도 했다.

한 시즌 국가대표 생활을 쉬면서 몸과 마음을 재정비한 김아랑 선수는 2017 국가대표 선발전에서 최민정 선수에 이어 종합 2위의 성적을 거두면서 평창 동계올림픽 개인전 출전권을 따낸다. 일보

선두에서 질주 중인 김아랑 선수(사진 제공 정호형)

후퇴가 오히려 더 좋은 결과를 거두는 이보전진이 된 것이다.

4년 전 악몽을 딛고 보다 좋은 성적을

이제는 대표팀 맏언니로 평창 올림픽에 출전하는 김아랑 선수. 사실 4년 전 소치 올림픽 개인전에서 김아랑 선수는 최악의 부진을 겪었다. 취약 종목인 500m 준준결승에서 탈락한 것은 물론이고 메달을 노리던 1,500m에서도 급성 장염으로 최악의 컨디션 난조를 겪으며 간신히 결승전에 진출했지만, 레이스 초반 넘어지며 다른 두 선수까지 함께 넘어뜨려 실격을 당하고 만다. 사실 김아랑 선수가 정상 컨디션이었다면 심석희 선수가 중국의 저우양에게 금메달을 빼앗기는 대역전극이 일어나진 않았을 것이다. 이런 부진은 1,000ｍ에서도 이어져 그녀는 준준결승에서 3위로 탈락하며 개인전 노메달로 대회를 마치고 만다.

　비록 계주 금메달을 획득하여 최악의 결과는 면했지만, 개인전 노메달에 그친 것은 그녀 자신은 물론이고 대한민국 쇼트트랙의 입장에서도 아쉬운 결과였다. 경험 부족과 과도한 긴장감에서 비롯된 컨디션 난조로 겪은 성장통이었다.

　이제 4년 만에 다시 올림픽 무대에 나서는 김아랑 선수는 여자 팀 최고참으로서 대표팀 분위기를 주도하고 있다. 힘든 훈련을 할 때에도 항상 웃으며 '힘내'라는 말로 동생들을 격려하는 김아랑 선수를 보며 후배 선수들도 함께 힘든 훈련을 이겨낼 힘을 얻는다고 한다.

　개인적으로 2014 소치 올림픽 계주 시상식에 올랐을 때의 감동을 잊을 수 없다고 말하는 김아랑 선수. 이번 대회 목표 역시 계주에서 금메달을 따는 것이고, 그동안 약했던 500ｍ에서도 메달을 따고 싶다고 말한다.

　사실 김아랑 선수는 올 1월에 있었던 전국체전에서 스케이트 날에 왼쪽 뺨이 베이는 부상을 당한 바 있다. 빙판 위에 피가 홍건하게 떨어질 정도로 큰 부상이었고 바로 수술까지 받았지만, 그때의 흉터는 아직 남아 있다. 선수들이 이런 부상을 당하면 후유증으로 충돌에 대한 두려움을 갖기 쉽고 그 결과 성적이 부진해지는 악순환에 빠질 수 있다. 하지만 그녀는 이런 부상을 이겨 내고 선발전 2위에 올라 올림픽 출전권을 거머쥐었을 뿐 아니라 국가대표의 일원으로 열심히 훈련에 임하며 후배들을 독려하고 있다. 비록 이번 시즌 월드컵 랭킹은 1,500ｍ 6위, 1,000ｍ 11위, 500ｍ 28위로 메달권과는 거리가 있지만, 중장거리에선 충분히 결승전에 오를 만한 저력이 있는 선수이다. 미소가 아름다운 김아랑 선수. 그녀의 미소가 평창에서도 빛날 수 있기를 기원한다.

🏅① 그만의 성공 비결

쇼트트랙 대표팀의 훈련 강도는 태릉선수촌에서 첫째를 다룰 정도로 정평이 나 있다. 김선태 감독의 선임 이후 많이 과학적이고 체계적으로 바뀌었다고는 하지만 그래도 힘들고 어려운 건 여전하다. 그 어려운 훈련을 묵묵히 감당하며 항상 웃으며 후배들을 격려하는 김아랑 선수의 언니 리더십이야말로 여자 대표팀을 지탱하는 기둥 중 하나다. 뿐만 아니라 과거 쓰라린 실패의 경험으로부터 이번 올림픽을 차근차근 준비하며 승리를 다짐하는 모습에서 강한 의지도 느낄 수 있다. 실패는 성공의 어머니란 평범하지만 만고불변의 진리대로 지난 올림픽의 실패가 이번엔 반드시 김아랑 선수의 성공으로 돌아올 거란 확신이 든다.

👥 권 작가가 기억하는 두 선수

곽윤기 선수는 사석에서 가장 많이 만난 선수라고 해도 과언이 아닐 정도로 많은 인터뷰를 했다. 처음엔 가볍고 놀기 좋아하는 선수로 쉽게 생각했는데 인터뷰를 거듭하고 그의 선수 생활을 지켜볼수록 그의 굳은 의지와 쇼트트랙에 대한 사랑을 알 수 있었다. 평창 이후에도 그는 베이징 동계올림픽에 도전할 계획이라고 한다. 쇼트트랙 선수로서는 역대 최고령 올림픽 출전 선수에 도전하겠다는 것이다. 그의 위대한 도전을 지지한다.

김아랑 선수와는 소치 올림픽이 끝나고 빙상 팬들과 함께 인터뷰한 적이 있다. 그때 김아랑 선수는 매우 귀엽고 착하고 사랑스러운 소녀였다. 그녀의 별명은 다리가 길다고 해서 '두루미'. 인터뷰 때 다리 길이를 재보니 1m가 훌쩍 넘었던 것으로 기억한다. 이제 벌써 4년에 가까운 세월이 흘러 대표팀 최고참이 된 그녀. 많은 어려움을 이겨 내고 대표팀 맏언니로서 자기뿐만 아니라 후배들까지 돌보는 그녀의 모습을 보며 사람은 자리가 만든다는 말이 실감 난다. 선수로서뿐 아니라 인생 선배로서 그녀가 후배들에게 좋은 롤모델이 될 것을 믿어 의심치 않는다.

엄 코치가 기억하는 두 선수

처음 전주에서 만났을 때만 해도 아직 어린 소녀였던 김아랑 선수는 스케이팅 기술이 세련되지 않았지만, 큰 키에 끈기를 지닌 훌륭한 재목 중의 한 명이었다. 주로 대표팀에 들어갈 만한 성인 선수들에게 맞춰 실시되던 훈련은 이제 막 고등학생이 된 소녀에게 엄청난 시련이었을 것이다.

인터뷰 중인 김아랑 선수

김아랑 선수는 그때를 생각하며 다음과 같이 말한다. "매일같이 반복되는 강훈련에 허리와 발목이 붓고 가라앉기를 반복했다. 갑자기 허리에 통증이 생겨 움직이기도 힘들었던 시합 전날 엄 코치에게 테이핑을 받고 겨우 시합에 나간 적도 있다. 힘든 고통의 순간에 포기하고 싶을 때도 많았지만 좌절 대신 자신의 한계에 대한 도전을 선택한 것은 엄청난 기회를 만들어 주었다. 평소 좋아하던 박승희를 비롯한 국가대표 선수들과 연습을 할 수 있는 기회가 생겼고, 그것을 놓치지 않기 위해 고통과 시련을 참고 견디고, 또 남보다 먼저 운동장에 나와 준비했다."

국가대표선수들은 타고나야 한다는 이야기가 있다. 하지만 더 분명한 사실은 재능을 타고난 선수보다 더 열심히 노력한 선수에게 기회가 온다는 것이다.

나는 김아랑 선수를 보며 이런 생각을 한다. '재능이 있는 선수는 잠깐 빛을 보지만, 노력하는 선수는 오랫동안 빛이 나는구나.' 김아랑 선수가 오랫동안 빛이 되어 빙상의 전설이 되기를 기대한다.

윤기는 밴쿠버올림픽에서 성시백, 김성일, 이정수와 같이 계주 은메달을 목에 걸었다. 사실 그 당시 곽윤기의 쇼트트랙 기술과 순발력, 운동신경은 세계 최고의 수준이었다. 밴쿠버올림픽에 출전했던 선수들은 모두 나와 함께 어릴 적부터 재활운동을 했었던 친구들이다. 선수들끼리의 팀워크도 잘 맞았고, 외모도 훌륭한데 성실함이 기본이 되는 선수들이 국가대표로 뽑혀 더 인기가 좋았다.

그중에서도 곽윤기는 인기도 많았지만 다른 사람들을 잘 챙겨 주는 선

엄성흠 코치와 다정한 포즈를 취한 곽윤기 선수

수였다. 개인운동을 하다 보면 다른 사람들을 신경 쓰지 못하는 경우가 많은데 윤기는 친한 선수 중 아픈 친구가 있으면 병문안을 가고, 고민을 들어주며, 문제를 해결해 주려고 같이 노력하는 친구였다. 특히 권 작가가 함께 진행한 2011년 소아암 환자 돕기 행사에 바쁜 일정에도 가장 먼저 달려와 준 사람이 윤기였다. 윤기의 도움은 소아암 환자들과 소아 병동 환자들이 지속해서 지원을 받을 수 있는 계기가 되었다. 지금 돌이켜보면 윤기는 정말 통이 큰 남자였다. 최고의 인기를 누린 정상의 자리에서도 TV 광고나 수익을 위한 곳보다는 어려운 사람들을 돕는 자리에 항상 먼저 손을 내밀었다.

국가대표로 선발되어 훈련 중 발목뼈가 부러져 다음 해 국가대표 선발전에서 탈락했던 2013년 윤기는 심적으로 많이 힘들었을 것이다. 그런데도 서울시 장애인복지시설협회에서 주관하는 장애인 체육대회에 참가하여 장애인들의 근력 향상을 위해 봉사했다.

이처럼 누구보다 열정적이고, 좋은 일에 착한 마음으로 달려와 준 사람이 곽윤기 선수였다.

평창 동계올림픽 이후에도 선수 생활을 계속할 그가 사람들의 기억 속에 운동선수로서만이 아니라 인간적으로 닮고 싶은 스포츠인의 롤모델로 회상되길 기대한다.

김도겸, 이유빈, 김예진

적극적인 마인드

이유빈 선수의 "내가 완벽해져서 다른 3명이 좀 더 쉽게 나가고 속도를 낼 수 있도록 힘을 주고 싶다."는 포부는 대한민국 쇼트트랙 국가대표 선수 특유의 승부욕과 당찬 자신감을 느낄 수 있는 말이다. 이런 마음들이 모이고 모여서 계주 레이스가 되고 금메달이 되는 것이다. 실수를 두려워하는 소극적인 마음가짐보다 이런 적극적인 생각이야말로 승리를 부르는 원동력이 될 것이다.

현 평창 동계올림픽 쇼트트랙 국가대표팀 남자부에는 서이라, 임효준, 황대헌, 김도겸, 곽윤기 선수가, 여자부에는 심석희, 최민정, 김아랑, 이유빈, 김예진 선수가 있다. 이 중 서이라, 임효준, 황대헌 선수가 평창 동계올림픽 남자부 개인전을 뛰고, 심석희, 최민정, 김아랑 선수가 여자부 개인전을 뛸 예정이다.

김도겸, 곽윤기 선수는 5,000m 계주, 이유빈, 김예진 선수는 3,000m 계주 출전 멤버로 이름을 올렸다. 하지만 누가 더 중요하고 누구는 중요하지 않다라고 말할 수 없는 게 모두가 한 팀이기 때문이다. 열 손가락 깨물어 안 아픈 손가락이 없다고 개인전 멤버로, 계주 멤버로 활약하는 선수들 모두 대한민국의 소중한 국가대표 선수들이다. 비록 화려한 스포트라이트는 받지 못하고 있지만, 묵묵히 훈련을 소화하며 올림픽 준비에 여념이 없는 선수들을 소개한다.

김도겸 - 대표팀의 듬직한 덩치

김도겸 선수는 1993년 생으로 한국체육대학교를 졸업했고 현재는 스포츠토토 빙상단 소속이다. 훤칠한 키에 다부진 체격이 인상적인 선수지만 그런 외형과 달리 귀엽고 애교 있는 면도 있는 선수이다. 어릴 적 허약한 체질이어서 운동을 시작했다는 지금 모습만 봐서는 믿기 힘든 사연을 가지고 있는 그는 2017년 동계유니버

역대 국가대표 선수 중
비공인 최장신인 김도겸 선수

애견과 함께 즐거운 시간을
보내고 있는 김도겸 선수

시아드 대표로 선발되어 카자흐스탄 알마티에서 열린 대회에서 1,500m 은메달, 500m 금메달을 따냈다. 성공적으로 국제대회에 데뷔한 후 여세를 몰아 2017 국가대표 선발전에서 1차 대회 4위, 2차 대회 4위의 성적을 거둬 종합 3위로 평창 올림픽 계주 티켓을 얻었다. 이번 시즌에 국가대표 선수로서 처음 출전한 월드컵 2차 대회에서는 500m 결승까지 올라가 5위를 차지하는 잠재력을 보여주기도 했다. 이어 3차 대회에서는 같은 종목 3위에 올라 성인 무대 첫 메달을 따내는 감격을 맛봤다.

맨체스터 유나이티드의 무리뉴 감독을 존경하고, FC 서울의 팬이며 시합 전이나 힘들 때는 크림파스타를 즐겨 먹는다는 김도겸 선수는 국민의 기대에 부응할 수 있게 다 같이 힘을 합쳐 좋은 결과를 내고 싶다고 한다. 평소엔 애완견과 행복한 시간을 보내는 그는 너무나 러블리한 청년이다.

이유빈 - 대표팀 막내

대표팀에서 가장 어린 이유빈 선수는 대표팀 내 유일한 2000년대 이후 출생으로 2001년에 태어났다. 10대 소녀답게 방탄소년단을 좋아한다는 그녀는 올림픽이 끝나고 친구들과 따뜻한 집에서 파자마 입고 놀면서 수다를 떨고 싶고, 잘생긴 방탄소년단을 꼭 한번 만나는 것이 소원이라고 하는 여고생이다.

2016 전국 남녀 주니어 쇼트트랙 스피드스케이팅 선수권대회에서 1,000m와 1,500m 슈퍼파이널 2관왕에 올라 종합 1위를 차지했던 이유빈 선수는 2016 주니어 세계선수권 대회에서는 종합 3위에 올랐다. 이후 2017 국가대표 선발전에서도 종합 3위의 성적으로 평창 올림픽 출전 자격을 따냈다. 그리고 성인 대회 데뷔 무대였던 월드컵 2차 대회 1,000m에서 0.001초 차이로 동메달을 따서 화제에 올랐다. 올림픽을 앞두고 이유빈 선수는 "개인 종목에선 아직 자신이 없지만 계주에서는 언니들을 도울 자신이 있다."며 "내가 완벽해져서 다른 3명이 좀 더 쉽게 나가고 속도를 낼 수 있도록 힘을 주고 싶다."고 말했다.

깜찍한 외모의 그녀는 벌써부터 많은 팬들이 생겼는데 올림픽

코너를 빠르게 도는 이유빈 선수(사진 제공 전예진)

금메달을 따내고 소원대로 방탄소년단을 만날 수 있을지 결과가 궁금하다.

김예진 - 또 다른 단거리 기대주

역시 고등학생인 김예진 선수는 한 인터뷰에서 성인이 되면 친구들과 함께 술집에 가서 술 한 잔 마시고 싶다는 엉뚱한 포부를 밝혀 주위를 어리둥절하게 한 바 있다. 500m의 스페셜리스트가 되고 싶다고 하는 그녀는 기존 국가대표 선수들이 아시안게임 출전으로 빠진 2016-2017 시즌 월드컵 5차, 6차 대회에 출전하여 5차 대회 500m에서 은메달, 6차 대회에서는 금메달을 따냈다. 대한민국 여자 선수가 최근 쇼트트랙 월드컵 대회에서 금메달을 딴 것은 최민정 선수를 제외하고 김예진 선수가 유일한 만큼 그녀는 단거리의 차세대 강자로 커다란 기대를 모으고 있다.

2017 국가대표 선발전에서는 종합 4위를 차지하며 올림픽 계주 멤버로 이름을 올렸다. 이번 시즌에는 월드컵 2차 대회 500m B 파이널에서 중국의 판커신에 이어 2위를 차지했고, 500m 종합 13위에 이름을 올렸다.

올림픽 계주에서 좋은 성적을 내기 위해서는 이들 선수의 활약도 매우 중요하다. 언제나 최선을 다해 훈련하고 경기에 임하는 대한민국 쇼트트랙 대표선수들. 그들의 선전을 기원한다.

올림픽 계주에서 좋은 성적을 내기 위해서는 이들 선수의 활약도 매우 중요하다. 한 사람이라도 삐끗하면 레이스 전체를 망칠 수 있는 것이 쇼트트랙이고 계주이기 때문에 계주 멤버 한 사람, 한 사람이 겪는 중압감은 상상을 초월한다. 그런 면에서 이유빈 선수의 "내가 완벽해져서 다른 3명이 좀 더 쉽게 나가고 속도를 낼 수 있도록 힘을 주고 싶다."는 포부는 대한민국 쇼트트랙 국가대표 선수 특유의 승부욕과 당찬 자신감을 느낄 수 있는 말이다. 이런 마음들이 모이고 모여서 계주 레이스가 되고 금메달이 되는 것이다. 실수를 두려워하는 소극적인 마음가짐보다 이런 적극적인 생각이야말로 승리를 부르는 원동력이 될 것이다.

제 2 장

**평창의 대한민국
스피드스케이팅
국가대표 선수들**

이상화

자신감

이상화 선수는 스스로를 너무나 잘 안다. 그리고 어떻게 하면 이기는지도 안다. 그렇기 때문에 이길 것이다. 단순히 금메달을 따고, 올림픽 3연패를 하고 말고의 문제가 아니라 자기 자신을 믿고, 또다시 넘어서는 것. 그것이 그녀가 끊임없이 발전하고 진화하는 원동력이다.

몸을 풀고 있는 이상화 선수(사진 제공 정호형)

올림픽 3연패에 도전하는 빙속 여제

올림픽 금메달은 하늘이 점지한다는 말은 너무나 잘 알려진 말이다. 일부 프로 스포츠 선수들을 제외한 모든 스포츠 선수의 선수 생활 중 1차 목표는 올림픽에 출전하는 것이고, 2차 목표는 그 참가한 올림픽에서 금메달을 따는 것이다. 4년에 한 번 벌어지는 올림픽에 참가 자격을 얻는 것도 어려운 일인데 전 세계의 수많은 선수들을 제치고 금메달을 따는 것은 정말 실력뿐 아니라 운과 정신력도 뒤따라야 하는 위업이다.

그런데 한 번도 아니고 세 번이나 연달아 금메달을 따다니⋯. 올림픽 3연패는 이토록 어렵고 힘든 대위업이다. 대한민국 스포츠 역사상 올림픽 3연패를 한 선수는 동, 하계 통틀어 사격 50ｍ 공기소총의 진종오 선수가 유일하고, 동계올림픽의 경우 쇼트트랙의 김기훈, 전이경 선수가 2연패에 성공했을 뿐이다. 스피드스케이팅만 놓고 보면 3연패에 성공한 선수는 여자 500ｍ의 보니 블레어(미국)가 유일하다.

이렇게 어려운 올림픽 3연패에 도전하는 이상화 선수는 명실상부 대한민국 동계 스포츠 최고 스타이다. 지난 6월 문화체육관광부에서 평창 동계올림픽에서 가장 기대되는 선수를 묻는 여론조사에서 무려 68%의 국민이 1위로 이상화 선수를 꼽은 것만 봐도 대한민국 국민들이 이상화 선수에게 얼마나 큰 기대를 걸고 있는지 알 수 있다. 2006년 여고생의 신분으로 첫 출전한 토리노 동계올림픽에서 5위에 오르면서 가능성을 보였던 그녀는 이후 밴쿠버 올림픽과 소치 올림픽에서 2연패를 하고 세계 신기록을 세 차례나 경신하면서 세계 최고의 스피린터로 군림해 왔다.

2010년 밴쿠버 올림픽 당시 이상화 선수는 세계 랭킹 1위이자 세계 기록 보유자였던 독일의 에니 볼프를 제치고 우승하였는데 이는 아시아 선수로서는 이 종목 최초의 우승이었다. 또 2013년 1월 20일 36초 80의 세계 신기록을 세운 것은 대한민국 여자 스피드스케이팅 선수로서는 최초로 세계 기록을 경신한 것이다.

사실 이상화 선수는 밴쿠버 올림픽에서 금메달을 딴 이후 은퇴하려고 했다가 주변의 간곡한 만류로 소치 올림픽까지 선수 생활을 계속했고, 마지막이라고 생각하고 간 소치 올림픽에서는 자국에서 열리는 평창 올림픽까지 출전하기로 마음을 먹었다고 한다. 올림픽 2연패에 세계 신기록 경신까지, 선수로서 이룰 수 있는 것은 모두 다 이루었지만 소치 올림픽에서 러시아 선수들이 나올 때마다 관중석에서 큰 환호성이 울리는 것을 보고 '4년 뒤엔 이런 기분을 느끼겠구나.' 하는 생각을 하고 결국 평창 올림픽까지 뛰기 위해 은퇴를 연장한 것이다.

경쟁자는 나 자기 자신뿐

사실 10년이 넘는 세월 동안 세계 최고의 자리에 머무른다는 것은 불가능에 가깝다. 사람인 이상 이상화 선수도 항상 컨디션이 좋고 언제나 우승만 할 수는 없다. 2010 밴쿠버 올림픽을 마치고 이상화 선수는 한동안 슬럼프에 빠졌다. 세계 정상이 주는 부담과 긴장을 이기기 어려웠던 것이다. 하지만 2011-2012 시즌 들어 그것을 이겨낼 혼자만의 방법을 찾아내고 자신감을 회복하면서 더 큰 목표를 갖고 달릴 수 있게 됐다고 한다. 여기에는 2012년 8월 대한민국 코치로 부임한 오벌랜드 코치의 코칭이 결정적인 작용을 했다. 중국 스피드스케이팅의 간판선수 왕베이싱을 키워 낸 그는 이상화 선수의 스타트 기록을 끌어올리기 위해 집중적으로 조련하였다. 그의 세심한 코칭 덕분에 이상화 선수는 스타트 후 100m의 기록을 경이적으로 단축해서 36초 36의 세계 신기록을 세울 수 있었다.

그렇게 3번의 세계 신기록 경신과 소치 올림픽에서의 올림픽 2연패까지 이루어 낸 이상화 선수는 평창 올림픽을 앞두고 캐나다로 건너가 케빈 오벌랜드 코치의 지도를 받으며 기량을 다듬었다.

고질적인 무릎 부상에 시달리던 이상화 선수가 2014 소치 올림픽 이후 종아리 부상까지 당하여 하지 정맥류 수술과 재활, 치료를 병행하며 컨디션을 끌어올리는 사이 일본의 노장 고다이라 나오 선수가 새로운 라이벌로 급부상했다. 1986년생으로 올해 만 31세의 노장인 고다이라 나오 선수는 이상화 선수가 금메달을 딴 두 번의 올림픽에서 각각 12위와 5위에 그쳤다. 하지만 2014년 빙상 강국 네덜란드로 혼자 유학을 떠난 그녀는 네덜란드에서 배웠던 트레이닝 방법을 일본식 훈련과 접목하면서 폭발적인 성장세를 보인다. 2014년 11월 22일 서울에서 치러진 스피드스케이팅 월드컵

코너를 도는 이상화 선수(사진 제공 정호형)

2차 대회에서 고다이라 나오는 38초 05의 기록으로 9년 만에 월드컵 시리즈 첫 금메달을 따냈을 뿐만 아니라 이전까지 한 번도 이겨 보지 못했던 이상화 선수를 이겼다. 상승세를 탄 고다이라 선수는 2014-2015 월드컵 시리즈 여자 500m 종합 우승을 차지했고, 2016-2017 시즌엔 월드컵 시리즈 500m 6차례 레이스를 모두 우승하였을 뿐만 아니라, 2017년 강릉 스피드스케이팅경기장에서 치러진 종목별 세계선수권대회 여자 500m에서도 이상화 선수를 제치고 우승했다. 그리고 2017 삿포로 동계아시안게임과 2017 스프린트 선수권 대회를 모두 우승하고 2016-2017 월드컵 시리즈 여자 500m에서도 종합 1위에 올랐다. 이번 시즌 월드컵 대회에서 고다

이라 나오 선수는 500m뿐만 아니라 1,000m까지 모조리 석권하며 평창 올림픽의 강력한 우승 후보로 떠오르고 있다. 이에 반해 이상화 선수는 최근 몇 년 새 고다이라 나오 선수를 전혀 이기지 못하고 있어서 불안감을 던져 주고 있다.

하지만 이상화 선수는 고다이라 나오 선수는 전혀 의식하지 않고 있다고 한다. "지금은 결과보다 과정이 중요하다. 월드컵 시리즈를 통해 기록을 향상하면서 대회감을 익히는 게 우선이다. 목표는 금메달로 잡고 있지만 메달 색깔은 아무도 모르는 것이다. 개의치 않고 실수하지 않는 완벽한 레이스를 할 것"이라면서 "라이벌로 불리는 고다이라 나오라고 해도 특별히 의식하지 않고 있다. 고다이라 외에도 잘 타는 선수들이 정말 많다. 몸 상태를 회복하고 내가 완벽하게 경기한다면 특별히 걱정할 것은 없다고 본다."라고 말했다.

이상화 선수의 자신감이 느껴지는 대목이다. 본인의 기량과 컨디션을 회복한다면 전 세계 어느 누구도 자신보다 빨리 달릴 수 없다는 것은 세계 기록 보유자이자 올림픽을 2연패 한 이상화 선수가 아니면 할 수 없는 말일 것이다. "예전에도 욕심을 내지 않았다. 올림픽의 경우 최대한 마음을 비워야 결과가 나온다."는 말 또한 올림픽을 세 번이나 경험한 이상화 선수만이 할 수 있는 말이다.

그녀의 말대로 올림픽은 또 다른 무대다. 제 아무리 고다이라 나오가 무적의 상승세라고 해도 홈그라운드의 이상화, 올림픽을 2

연패한 이상화를 이길 수 있을지는 미지수다. 게다가 2차 시기까지 진행하던 이전 올림픽과 달리 평창 동계올림픽부터 500m는 단 한 번의 레이스만으로 승부가 결정 난다. 올림픽이라는 지상 최고의 축제에서 고다이라 나오가 긴장하지 않고 제 실력대로 뛸 수 있을지는 두고 봐야 안다. 게다가 두 선수 간의 기록 차이도 많이 줄었다. 2차 월드컵에서 1초까지 차이 나던 두 선수의 기록은 4차 월드컵에서 0.21초 차이까지 좁혀졌다. 이상화 선수의 컨디션과 몸 상태는 자신의 계획대로 점점 좋아지고 있다. 고다이라 나오는 1,000m에서도 세계신기록을 세울 정도로 파죽지세지만 이 기세가 과연 올림픽까지 이어질지는 두고 봐야 안다. 달도 차면 기울기 때문이다.

제갈성렬 의정부 시청 감독은 "이상화 선수가 곡선에서 중심이 흔들리는 탓에 파워로 버티는데, 그러다 보니 막판 스퍼트를 내지 못한다. 스타트에서도 중심이 앞으로 쏠리기 때문에 고다이라 나오한테 밀린다."라고 지적한다. 물론 평창 올림픽까지 시간은 충분하다. 현재 90%인 컨디션을 끌어올리고 지금까지 드러난 약점을 극복하면 고다이라 나오를 이길 가능성은 충분하다.

레고를 좋아하고 주변 사람을 잘 챙기는 천상 여자

잘 알려진 대로 이상화 선수의 취미는 레고이다. 본인 스스로도 희귀 아이템이 있다고 자랑할 정도로 좋아하는 취미이다. 소치 올림픽 때는 네일아트를 즐기는 것으로 알려져 화제가 됐지만 최

네일 아트와 피부 관리에
신경 쓰는 평소의 이상화 선수

근은 네일아트를 거의 하지 못했고, 다만 1주일에 한 번씩 피부과에 가서 피부관리를 받는다고 한다.

이상화 선수는 친구가 많다. 잘 알려진 밴쿠버 삼총사인 모태범, 이승훈 선수뿐만 아니라 같이 훈련하는 스피드스케이팅 선수들과 두루 친하고, 종목의 벽을 넘어 쇼트트랙 선수들, 모굴 스키의 최재우 선수와도 친하다고 한다. 2014년 소치 올림픽 때는 자신의 경기가 끝난 후 쇼트트랙 경기장을 찾아서 쇼트트랙 선수들을 응원하기도 했다. 특히 소치 올림픽에서 2관왕을 하고, 쇼트트랙에서 스피드스케이팅으로 전향한 박승희 선수의 경우 이상화 선수의 격려 덕분에 전향하겠다는 용기를 낼 수 있었다고 고백한 바 있다. 또 박승희 선수가 스피드스케이팅 국가대표로 선발된 후엔 선수촌에서 두 선수가 함께 방을 쓰기도 했다. 두 선수는 같은 기획사인 브리온 소속이기도 하다.

곽윤기 선수와 다정하게 한 컷

　쇼트트랙의 왕고참인 곽윤기 선수와도 매우 친해서 이상화 선수는 곽윤기 선수가 큰 의지가 되는 동생이라고 했다. 그래서 평창 동계올림픽 때도 곽윤기, 최재우 두 선수의 경기를 응원하기 위해 꼭 경기장을 찾겠다고 한다.

　스피드스케이팅을 통해 사람들에게 꿈과 용기를 주고 싶고, 은퇴 후 현모양처가 되고 싶다고 말하는 이상화 선수. 그녀의 바람대로 평창 올림픽에서 펼쳐질 그녀의 경기를 통해 많은 이들이 힘과 용기를 얻고, 은퇴 후 그녀의 삶도 선수 생활 시절 못지않게 술술 풀리기를 기원한다.

🏅 그 만 의 성 공 비 결

천상천하유아독존. 이렇게 오만해 보이는 말을 인터뷰에서 공공연하게 말할 수 있는 사람은 거의 없을 것이다. 하지만 10년 넘게 세계 정상을 달리고 있는 이상화 선수가 이렇게 말한다면 그 말의 진위성을 의심할 대한민국 국민 또한 없을 것이다. 이상화 선수는 이미 수차례 자신이 기량을 온전히 발휘하면 금메달을 딸 수 있다고 예언했고 그 예언을 실현해 왔다. 그렇기 때문에 대한민국 국민들은 이상화 선수를 믿고 있다. 이상화 선수는 스스로를 너무나 잘 안다. 그리고 어떻게 하면 이기는지도 안다. 그렇기 때문에 이길 것이다. 단순히 금메달을 따고, 올림픽 3연패를 하고 말고의 문제가 아니라 자기 자신을 믿고, 또다시 넘어서는 것. 그것이 그녀가 끊임없이 발전하고 진화하는 원동력이다.

💬 권 작가가 본 이상화 선수

이상화 선수와 사적으로 만난 적은 없지만 그녀가 어렸을 때부터 금메달 유망주로서 빙상계의 많은 기대를 받아온 것은 알고 있었다. 특히 2006년 토리노 동계올림픽을 갔을 때 나와 함께 했던 대한빙상경기연맹의 스피드스케이팅 관계자분들이 이상화 선수가 5위를 차지했다는 소식에 기뻐하면서도 매우 안타까워했던 것이 기억난다. 어느새 그녀는 마지막 대회를 준비하는 나이가 됐다. 한 번도 아니고 네 번이나 올림픽에 출전한다는 것만으로도 대단하다고 생각하기에 그녀가 어떤 성적을 거두든 간에 상관없이 그녀의 도전은 높게 평가받아야 한다고 생각한다. 물론 이상화 선수는 우리의 기대대로 좋은 성적을 거둘 것이다. 그리고 그것이 빙속 여제의 마지막 뒷모습이 될 것이다.

모태범

오기와 내려놓음

모태범 선수를 금메달로 이끈 건 한번 세상을 깜짝 놀라게 해주겠다는 오기가 컸다. 하지만 소치 올림픽 때는 정반대로 언론의 과도한 주목과 기대를 받았고 그것이 오히려 독이 되어 돌아왔다. 이번 올림픽에 모태범 선수는 마음을 비우고 나선다. 세계 정상권과는 거리가 먼 성적이지만 마음을 비우는 것이 깜짝 금메달을 낳는 기폭제가 될지도 모른다.

스피드스케이팅의 500m는 빙판 위에서 가장 빠른 사람을 뽑는 경기로 육상으로 따지면 100m 달리기와 같다고 할 수 있다. 8여 년 전, 대표팀 막내로 올림픽에 출전하여 세계에서 가장 빨리 스케이트를 타는 선수가 되었던 모태범 선수는 어느 덧 본인의 마지막 올림픽을 준비하는 노장이 되었다. 하지만 여전히 모터는 씽씽 잘 돌아가고 있다.

핫도그와 츄러스에 혹해 시작한 빙상

7살 때 어린이대공원에서 어머니가 사주신 핫도그와 츄러스에 현혹되어 스케이트를 시작한 모태범 선수는 8살에 빙상팀이 있는 은석초등학교로 진학하면서 본격적인 선수생활을 시작한다.

당시만 해도 쇼트트랙이 정말 인기가 많았지만, 다치는 게 무서웠던 모태범은 스피드스케이팅을 선택했다. 평소엔 장난도 많이 치고 까불까불했지만 빙판 위에만 서면 누구보다 진지한 모습을 보이며 훈련에 임해 지구력과 순발력을 키웠다. 물론 이 또한 혼나기 싫다는 단순한 생각에서 나온 행동이었다. 그렇지만 타고난 승부근성 또한 강해서 함께 운동하던 이상화에게 번번이 지자 화가 나서 놀리고 못되게 굴었다고 한다. 이 사실을 가지고 알 수 있는 것은 이상화 선수가 남자 선수들을 이길 정도로 실력이 뛰어났지만 모태범 선수의 놀림에 눈물을 흘릴 정도로 여린 성격이었다는 것이다.

그렇게 연습과 훈련으로 열심히 기량을 연마하던 모태범 선수에게도 사춘기가 다가왔다. 중학교 3학년이 되던 해 모태범은 자유롭게 뛰어노는 또래 친구들을 보며 부러움을 느끼고 어머니에게 대들며 운동을 중단하기에 이른다.

하지만 핫도그와 츄러스로 모태범 선수를 스케이트의 세계로 이끈 모태범 선수의 부모님답게 부모님은 그를 타이르거나 혼내지 않고 그냥 내버려뒀다. 그러자 모태범 선수의 몸이 먼저 반응했다. 운동을 쉬자 몸이 근질근질해진 모태범 선수는 며칠을 못 참고 다시 운동을 시작했다.

그렇게 다시금 운동을 재개한 모태범은 날로 기량을 향상해 2007년 국가대표에 선발되기에 이른다. 하지만 하늘 같은 선배들 사이에서 막내로 운동하는 게 쉽지는 않았다. 학교에서와 다른 훈련방식과 생활패턴에 적응하는 것도 어려운 일이었다. 힘겨운 적응기를 거쳐 주니어세계선수권과 동계유니버시아드에서 연거푸 정상에 올랐지만 성인 무대는 만만치 않아서 눈에 띄는 성적을 거두지 못했다. 어렵사리 밴쿠버 올림픽 출전권을 땄어도 올림픽 개막전 그를 주목하는 이는 거의 없었다. 오기가 발동한 모태범 선수는 더욱 독하게 훈련했고 절친이자 룸메이트였던 이승훈 선수와 진솔한 대화를 나누며 올림픽에 대한 꿈을 키웠다. 그리고 그 우정을 바탕으로 두 사람 모두 올림픽 금메달을 따냈다.

생일날 따낸 대한한국 스피드스케이팅의 첫 올림픽 금메달

밴쿠버 동계올림픽 500㎜에서 모태범 선수는 2번의 시기에서 모두 2위를 차지하며 합계 69초 82의 기록을 세웠는데, 다행히도 상대 선수들이 기복을 보여 우승할 수 있었다. 때마침 그날은 모태범 선수의 생일로, 가장 큰 생일 선물을 받은 셈이 되었다.

이 금메달은 대한민국이 쇼트트랙 이외의 종목에서 처음 딴 금메달로, 1900년대 초반에 미 선교사들에 의해 이 땅에 스케이팅이 처음 들어온 이래 가장 큰 쾌거라고 할 수 있다. 모태범 선수는 이후 열린 1,000㎜ 경기에서도 미국의 샤니 데이비스에 이어 은메달을 획득하며 일약 스타로 떠올랐다.

하지만 올림픽이 끝나고 아킬레스건 부상을 당한 모태범 선수는 깊은 부진에 빠졌고 세계무대가 아닌 아시안게임에서조차 부진한 성적을 거두며 주변을 안타깝게 했다. 이때 대한항공에서 스피드스케이팅팀을 창단하면서 모태범 선수와 절친 이승훈 선수를 함께 스카우트했다. 안정적인 직장이 생긴 데다 이승훈 선수, 대한항공의 권순천 코치의 도움도 받은 덕분에 심리적인 평안을 찾은 모태범 선수는 예전의 기량을 회복한다.

그 결과 모태범 선수는 2011-2012 시즌 ISU 월드컵 500㎜ 종합 우승을 차지하고, 2012년 종목별 선수권 대회에서도 500㎜ 우승을 차지하며 세계 최고 스프린터의 입지를 다졌다. 재미있는 것은 이상화 선수도 밴쿠버에서와 마찬가지로 같은 대회 여자 500㎜에서 금메달을 땄다는 것이다. 두 사람의 질긴 인연을 확인할 수 있는 대목이다.

이후 모태범 선수는 스케이트 날을 바꿨다가 다시 예전 것으로 교체하는 우여곡절을 겪은 끝에 거우 실력을 회복하여, 2013년 소치에서 프레올림픽을 겸해 열린 종목별 세계선수권 대회 1,000m에서 2위, 500m는 우승하며 건재를 과시했다.

아쉬운 소치 올림픽 4위, 그리고 계속되는 부진

그리고 1년 후 열린 대망의 소치 동계올림픽. 개인종목 2연패의 꿈을 안고 도전한 모태범 선수는 빙상 강국 네덜란드의 벽 앞에 좌절하고 말았다. 1, 2, 3위를 나란히 차지한 네덜란드 선수들에 밀려 500m 1차 시기, 2차 시기 모두 4위에 그친 것이다. 뿐만 아니라 이후 치러진 1,000m에서도 12위를 기록하며 모태범 선수는 결국 빈손으로 귀국해야만 했다.

소치 올림픽 이후 모태범 선수는 2014-2015 시즌 월드컵에서 은메달 3개를 따며 다시 예전의 기량을 회복한 듯했으나, 이후 계속된 부진 끝에 디비전 B로 떨어지기도 하는 등 슬럼프가 오래갔다. 기록은 전성기에 기록하던 34초대 초반에 한참 못 미치는 35.4~35.6초대에 머무르며 외국 선수들뿐만 아니라 차민규 등의 후배들에게도 뒤처지는 성적이 나와서 이제는 한물 간 것 아니냐는 말까지 나올 정도였다. 2017 삿포로 아시안게임에서도 김민석(평촌고) 선수가 2관왕을 차지한 반면 모태범 선수는 노메달에 그쳤다.

하지만 이번 시즌 모태범 선수는 그 누구보다 열심히 훈련에 임했다. 소치 올림픽 직후 오른팔엔 라틴어로 'Acta Non Verba(말 대신 행동으로)', 왼팔엔 'Sustine et abstine(참아라 그리고 절제하라)'라고 문신을 새기며 마음을 다잡은 그는 묵묵히 훈련을 소화하며 마지막이 될 올림픽을 준비하고 있다.

소치 올림픽 때의 실패를 되새기며 절치부심 명예회복을 노리고 있는 모태범 선수. 주변에서도 모태범 선수의 몸 상태가 최상이라며 소치 올림픽에서의 선전을 기대하고 있다.

게다가 후배들의 추천으로 대표팀 주장이 되기까지 했다. 이에 즐겁게 훈련하고자 후배들과 대화도 많이 한다는 그는 국제 경기에 출전하는 선수들의 기량은 비슷하다며 그날 컨디션 상태와 얼마나 경기를 즐기면서 임하는지에 따라 성패가 갈린다고 말했다. 그리고 후배들에게 지기 싫어 열심히 연습하고 있으며 작년보다 컨디션은 확실히 좋다고 말했다. 또한 최고를 지키고 있는 두 친구, 이상화, 이승훈 선수를 보면서 많은 동기 부여가 된다고 한다. 올림픽은 자신과의 싸움인 만큼 부끄럽지 않은 모습을 보이기 위해 최선을 하겠다는 각오다.

과연 모태범 선수가 8년 만에 다시 세계 정상에 설 수 있을지는 아직 알 수 없다. 이번 시즌 모태범 선수의 월드컵 랭킹은 500m 23위, 1,000m 16위로 세계 정상권과는 거리가 멀다. 어쩌면 소치 올림픽 때보다 더 나쁜 결과를 얻을지도 모른다. 하지만 최선을 다한 만큼 후회 없는 결과를 얻을 수 있을 거라 믿는다.

모태범 선수를 금메달로 이끈 건 한번 세상을 깜짝 놀라게 해주겠다는 오기가 컸다. 하지만 소치 올림픽 때는 정반대로 언론의 과도한 주목과 기대를 받았고 그것이 오히려 독이 되어 돌아왔다. 이번 올림픽에 모태범 선수는 마음을 비우고 나선다. 세계 정상권과는 거리가 먼 성적이지만 마음을 비우는 것이 깜짝 금메달을 낳는 기폭제가 될지도 모른다. 자신에 팔뚝에 새긴 문신대로 말 대신 행동으로 보여주길 바란다.

👥 권 작가가 본 모태범 선수

사석에서 만난 적은 없지만 인스타그램이나 이전 아이스뉴스에서 진행한 인터뷰를 통해 만난 모태범 선수는 호탕하고 쾌활한 성격의 호남이었다. 소치 올림픽에서의 좌절을 뒤로하고 다시금 평창 올림픽에 나서는 모태범 선수가 어떤 성적을 거두든 간에 대한민국 국민은 스피드스케이팅 단거리에서 세계 정상을 정복했던 선수로 기억할 것이다. 평창 이후로도 계속될 그의 스케이팅 인생을 응원한다.

김보름

결단과 몰입

김보름 선수는 주체적으로 과감하게 결단하고 올인하여 제2의 성공 신화를 쓰고 있다. 또한 자기 자신의 장점을 정확히 알고서 잘할 수 있는 매스 스타트를 고른 것도 탁월한 선택이었다. 빠른 판단과 진로 전환, 확실한 집중이 오늘날 그녀의 성공에 크게 기여했다고 할 수 있다.

쇼트트랙 선수였던 이승훈 선수가 2010 밴쿠버 올림픽을 6개월 앞두고 스피드스케이팅으로 전향하여 5,000m 은메달, 10,000m 금메달을 딴 것은 두고두고 회자될 기적이었다. 이후 많은 쇼트트랙 선수들이 스피드스케이팅으로 전향하여 제2의 이승훈을 꿈꿨다.

그중에서도 김보름 선수는 가장 괄목할 만한 성적을 거두며 평창 동계올림픽의 금메달 기대주로 떠오르고 있다. 이제는 제2의 이승훈, 여자 이승훈이 아니라 대한민국 여자 스피드스케이팅의 간판으로 떠오른 김보름 선수. 그녀의 이야기를 해 보자.

정월대보름에 태어난 김보름, 스피드스케이팅으로 전향하다

정월대보름에 태어나서 '보름'이라는 이름을 가지게 됐다는 김보름 선수는 초등학교 5학년 때 놀러 간 스케이트장에서 스케이트를 타는 친구의 모습이 너무 멋있어 보여서 스케이팅을 시작했다고 한다.

다른 선수들에 비해 쇼트트랙 선수 생활을 늦게 시작한 김보름 선수는 그로 인해 중학교 때 마음을 잡지 못해 운동을 쉬기도 하는 등 갈등이 많았다. 유독 승부욕이 강했지만 너무 늦게 시작해서 그다지 좋은 성적을 내지 못하는 상황에 답답함을 느낀 것이다. 그러던 와중에 이승훈 선수가 2010 밴쿠버 올림픽에서 금메달을 따는 모습을 보고 종목 전향을 결심한다. 주변에서는 반대가 많았지만 기필코 본인의 뜻을 관철하겠다고 마음먹은 김보름 선수는 마침내 2010년 5월 스피드스케이팅으로 전향한다. 쉽지 않

포티움의 모델로 나선 김보름 선수

은 길이었다. 쇼트트랙과 스피드스케이팅은 쓰는 근육과 스케이트부터 달라서 코치도 새로 구해야 했다. 게다가 스피드스케이팅을 훈련할 만한 대형 아이스링크는 전국에서 오직 서울에만 있기 때문에 대구에서 부모님과 함께 생활하던 김보름 선수는 고3이란 어린 나이에 홀로 상경해야만 했다.

너무나 어려운 상황이었지만 '이거 아니면 안 된다'는 절박한 심정으로 매달렸고 팀 훈련 끝나고 집에 가서도 자세 운동을 할 정도로 열심을 내었다.

그래서였을까. 기량이 예상보다 훨씬 빨리 일취월장했다. 전향 후 6개월 만에 치러진 아시안 게임 선발전에 출전한 김보름 선수는 어렵지 않게 국가대표 자격을 따냈고, 2011 카자흐스탄 아스타나-알마티 동계아시안게임에 출전하여 3,000m에서 은메달을 따냈다.

어느새 대한민국 여자 스피드스케이팅 중장거리 부문의 간판이 된 김보름 선수는 2014 소치 올림픽에도 출전하여 3,000m에서 13위에 올랐다. 첫 올림픽 출전치고는 기대 이상의 성과였지만 세계 정상의 높은 벽을 실감한 결과이기도 했다. 그래도 쇼트트랙을 계속했으면 꿈꾸지도 못했을 올림픽 무대를 밟아본 것만으로도 김보름 선수는 매우 감사했다.

매스 스타트의 일인자가 되다

소치 올림픽을 다녀온 김보름 선수에게 또 하나의 기쁜 소식이

전해진다. 바로 국제빙상연맹에서 매스 스타트를 도입하기로 결정하였고, 2018 평창 올림픽 정식 종목으로도 채택이 됐다는 소식이었다. 쇼트트랙 선수로 오랫동안 활동했던 김보름 선수에게 이보다 더 좋을 수 없는 종목이 신설된 것이다.

매스 스타트는 스피드스케이팅 종목 중에서 가장 박진감이 넘친다는 평을 듣고 있는 종목으로 기존 스피드스케이팅 종목과 달리 3명 이상의 선수들이 동시에 레인 구분 없이 출발하여 남녀 모두 16바퀴(6,400㎥)를 돌며 8, 4, 2바퀴를 돌 때 1~3위 선수에게 각각 5, 3, 1점씩을 주고, 피니시 라인을 1, 2, 3위로 들어오는 선수에게는 60, 40, 20점을 주는 종목이다. 이들 점수를 모두 합하여 점수가 제일 높은 선수가 우승하는 규칙으로 쇼트트랙의 3,000m 슈퍼 파이널과 유사하다.

쇼트트랙에서 코너링과 추월 기술을 배웠던 김보름 선수는 단숨에 매스 스타트의 세계 정상에 우뚝 선다. 2016-2017 월드컵 1~4차 대회에서 금메달 2개, 동메달 2개를 따냈고, 올림픽 테스트 이벤트였던 ISU 스피드스케이팅 종목별 세계선수권대회 매스 스타트 종목에서도 우승하며 랭킹 1위를 달렸다. 당연히 평창 올림픽에서도 금메달 1순위로 꼽히고 있다.

이렇게 금메달이 유력시되는 김보름 선수의 가장 큰 적수는 일본 선수들이다. 2017년 2월 삿포로에서 열린 동계 아시안게임에서 그녀는 일본 선수들의 협공에 밀려 3위에 머무르고 말았다.

현재 여자 스피드스케이팅 전반에 부는 일본의 바람은 거세다.

1   링크를 힘껏 달리는 김보름 선수(사진 제공 정호형)

2   코너를 돌고 있는 김보름 선수(사진 제공 정호형)

단거리에서 압도적인 성적을 거두고 있는 고다이라 나오 선수를 비롯하여 1,500㎧ 랭킹 1위를 차지하고 있는 다카기 미호 선수 외에도 많은 선수들이 각 종목 상위 랭킹에 오르며 평창 올림픽에서의 좋은 성적을 예고하고 있고, 특히 팀 추월에서는 월드컵 3개 대회를 모두 우승하는 압도적인 전력으로 랭킹 1위를 달리고 있다. 대한민국의 유력한 금메달 후보이자 기대주인 김보름 선수와 이상화 선수의 가장 큰 라이벌로 일본 선수들이 떠오르고 있는 것이다. 다행히도 다카기 미호 선수는 매스 스타트의 출전권을 획득하지 못했지만 그녀의 동생으로 월드컵 랭킹 11위인 다카기 나나 선수가 출전하고, 월드컵 1차 대회에서 우승한 바 있는 아야노 사토 선수(랭킹 4위)도 큰 위협이 될 듯하다. 부상으로 월드컵 1차 대회를 기권하고 2차 대회에서도 부진했다가 3차 대회에서 3위를 차지하며 종합 랭킹 10위에 오른 김보름 선수로서는 모든 출전 선수를 경계해야 하지만 특히 일본 선수들에 주의를 기울여야 할 것이다.

매스 스타트는 쇼트트랙만큼 작전과 팀플레이가 중요하다. 김보름 선수로서는 본인 자신의 레이스도 중요하지만 함께 뛸 박지우 선수와 얼마나 잘 협력하느냐가 우승의 관건이 될 것이다.

매스 스타트는 쇼트트랙과 스피드스케이팅의 장점만을 딴 종목인 만큼 두 종목에서 요구되는 기량이 모두 필요하다. 강한 체력과 빠른 스피드, 유연한 코너링과 빼어난 순발력까지 갖추고 있어야 한다. 남은 기간 동안 김보름 선수는 지금까지 드러난 문제점을 보강하기 위해 최선을 다하고 있다.

보름달처럼 밝은 금메달 따내기를

공교롭지만 또한 당연하게도 김보름 선수가 스피드스케이팅으로 전향하는 데 결정적인 역할을 한 이승훈 선수 또한 매스 스타트의 세계 1인자이다. 두 선수가 나란히 매스 스타트의 올림픽 초대 챔피언으로 금메달을 따내며 쇼트트랙 출신 선수들의 신데렐라 스토리를 재현할 수 있을지, 대한민국 국민들의 눈은 평창 올림픽의 폐막 하루 전인 24일에 강릉 스피드스케이팅 경기장에서 펼쳐질 매스 스타트 경기에 쏠릴 것이다.

무엇보다도 본인이 태어난 대보름을 며칠 앞두고 벌어지는 경기에서 김보름 선수가 대보름달만큼이나 환한 금메달을 따낼 수 있을지 궁금하다. 평창에서의 완벽한 레이스를 다짐하는 그녀가 노랗게 염색한 머리처럼 빛나는 금메달을 따내길 기원한다.

🏅 그만의 성공 비결

이승훈 선수의 성공적인 전향 이후 쇼트트랙 출신으로 스피드 스케이팅을 택한 선수들은 꽤 많다. 물론 모든 선수들이 성공하는 것은 아니지만 그중에서 김보름 선수는 주체적으로 과감하게 결단하고 올인하여 제2의 성공 신화를 쓰고 있다. 또한 자기 자신의 장점을 정확히 알고서 잘할 수 있는 매스 스타트를 고른 것도 탁월한 선택이었다. 빠른 판단과 과감한 진로 전환, 확실한 집중이 오늘날 그녀의 성공에 크게 기여했다고 할 수 있다. 물론 1차적인 성공 여부는 이번 평창 올림픽에서 어떤 성적을 거두느냐에 달려 있겠지만, 행여 이번 올림픽에서 금메달을 따지 못한다고 해도 아직 앞길이 구만 리 같은 김보름 선수이기에 그녀는 여전히 매스 스타트의 최강자로서 오랫동안 세계 무대를 호령할 것이다. 누가 뭐래도 변신은 대성공이다.

권 작가 본 김보름 선수

오래전 김보름 선수를 처음 봤을 때 '아 참 예쁜 선수구나. 성적까지 좋으면 인기 많이 얻을 거 같다.'라고 생각했는데, 그때의 예상대로 김보름 선수는 얼짱 운동선수로 화제에 오르는 선수가 됐다. 물론 운동선수로서 얼굴이 예쁜 것도 좋지만 실력이 더 중요한 게 스포츠 세계 아닌가? 그런데 김보름 선수는 이제 실력도 세계 정상급이 됐다. 이상화 선수와 함께 올림픽 금메달 유력자로 손꼽히는 김보름 선수. 압박감과 부담감도 클 텐데 잘 극복해서 부디 좋은 성적을 거두길 바란다.

엄 코치와 김보름 선수의 만남

김보름 선수와의 첫 만남은 대구의 한 빙상장에서이다. 대구에서 선수들의 트레이닝을 봐주러 박유석 코치님팀에 갔을 때였다. 어린 쇼트트랙 선수들 중 유난히 눈에 띄는 선수가 있었다. 작은 체구에 중학생 트리코를 입고 한쪽에서 조용히 자세 연습을 하던 모습이 시선을 자꾸 향하게 했다. 쇼트트랙 스케이트 훈련은 성인 선수들도 힘든 수준이라 틈만 만나면 쉬고 싶었을 텐데 중학생 선수가 스스로 기본훈련을 하는 모습에 직관적으로 미래 국가대표의 싹이 자라고 있다는 생각이 들었다.

락커에서 선수들과의 상담시간이 되어 김보름 선수와 첫 체력테스트를

엄성흠 코치에게 재활 치료를 받고 있는 김보름 선수

해보니 무리한 운동으로 발목의 부상이 있었음에도 여자 선수답지 않게 상당한 수준의 근력이 있었다. 스스로 훈련하는 이 선수는 좋은 선수로 자라 대한민국 빙상계의 한 획을 긋는 선수가 될 것 같았다. 발목에 테이핑을 감아 주며 부상 예방에 대한 조언을 해주었다. 그렇게 인연이 되어 부상이 있을 때마다 김보름 선수의 재활 트레이닝을 맡게 되었고, 그녀는 이후 쇼트트랙에서 스피드스케이팅으로 전향하며 두각을 나타내는 훌륭한 선수로 성장했다.

김보름 선수는 항상 열심히 노력하는 수재라 차가워 보이기도 하지만 어려운 가정을 돕는 행사와 소아암환자 돕기 행사에도 적극적으로 참여해 준 따뜻한 마음씨를 가지고 있다. 평창 동계올림픽을 앞두고 금메달 유망주로 떠오른 김보름 선수의 활약상을 보며 과거를 회상한다. 그녀에게 꿈을 심어 주었던 스케이트에 대한 열정이 이제 더 많은 대한민국 청소년들에게 꿈을 심어 주기를 바란다.

이승훈

끝없는 도전 의식

신의 한 수라고 일컬어지는 종목 전환이 없었다면 그는 그저 그런 쇼트트랙 선수로 잊히고 말았을지도 모른다. 하지만 주변의 권유를 슬기롭게 받아들여 세상을 깜짝 놀라게 했을 뿐만 아니라 한 번의 성공에 만족하지 않고 팀추월과 매스 스타트까지 자신의 영역을 계속 넓혀 가는 그의 도전은 그가 국민들의 사랑과 관심을 지속적으로 받을 수 있는 원동력이 되었다. 한순간의 성공에 도취하지 않고 끊임없이 도전하는 모습이야말로 우리가 그에게 기대하고 추구하는 모습일 것이다.

대한민국 스피드스케이팅 최고의 스타를 꼽으라고 하면 누구나 이상화 선수를 꼽을 것이다. 그도 그럴 것이 올림픽 3연패란 엄청난 위업 달성을 눈앞에 두고 있을 뿐 아니라 세계 신기록도 3차례나 경신하며 세계 정상을 10년 넘게 지키고 있기 때문이다. 하지만 꾸준함과 함께 다양성에 있어서는 이승훈 선수를 따라갈 선수는 없다. 그는 2010 밴쿠버 동계올림픽에서 5,000m 은메달, 10,000m 금메달을 따낸 데 이어, 2014 소치 올림픽에서는 팀 추월에서 은메달을 따내며 스피드스케이팅 선수 중 역대 최다 메달의 주인공이 됐다. 뿐만 아니라 2011년 카자흐스탄 아스타나에서 열린 동계아시아게임 대회에서는 팀 추월, 5,000m, 10,000m에서 3개의 금메달을 따낸 데 이어 2017년 삿포로 동계아시안게임에선 세 종목에다가 매스 스타트까지 우승해 대한민국 최초의 동계아시안게임 4관왕이 된 것과 함께 동·하계 아시안게임 통틀어 개인 최다 금메달 획득이라는 대기록까지 세웠다. 무엇보다도 2017 삿포로 동계아시안게임 때는 다리 부상을 안고서도 4관왕에 오른 사실이 밝혀져 더욱 국민과 언론들의 찬사를 받았다. 그야말로 기적과 기록의 사나이라고 할 수 있는 이승훈 선수. 이번 편은 스피드스케이팅의 살아있는 전설이자 철인이라고 할 수 있는 이승훈 선수에 대한 이야기다.

종목 전환, 신의 한 수가 되다

1988년 태어난 이승훈 선수는 일곱 살 때 누나가 스케이트를 타는 걸 보고서 흥미를 느껴 자기도 스케이트를 타게 해달라고 해

선수 생활을 시작했다고 한다. 초등학교 입학 후 본격적으로 선수 생활을 한 그는 특이하게도 쇼트트랙과 스피드스케이팅을 병행했는데, 둘 다 잘해 나가는 대회마다 상위권에 들었다. 중학생이 되어서 쇼트트랙만 하겠다고 결심한 그는 고등학교 1학년 때 태극마크를 단 후, 유니버시아드에서 금메달을 따는 등 소기의 성과를 이뤘다. 하지만 예나 지금이나 쇼트트랙은 선발전을 통과하기가 올림픽 메달 따기만큼이나 어려운 종목. 안현수, 이호석, 성시백, 곽윤기, 이정수 등의 쟁쟁한 선수들과의 경쟁을 이겨 내고 올림픽에 출전하는 것은 너무나 어려운 일이었다. 2009년 4월, 국가대표 선발전에서 탈락한 그는 선수 생활 은퇴를 결심할 정도로 크게 좌절했다. 그때 은사이자 대한민국 빙상의 대부인 한국체육 대학교 전명규 교수가 그에게 종목 전향을 권유했다.

그해 여름 스피드스케이팅 국가대표 출신 선수들과 함께 훈련을 해본 이승훈 선수는 한번 해볼 만하다는 자신감을 얻었고, 바로 본격적으로 스피드스케이팅으로 전향하였다.

쇼트트랙 선수 시절 이승훈 선수는 2008년 강릉 세계선수권 3,000m 슈퍼 파이널에서 우승할 정도로 뛰어난 체력을 자랑하는 선수였다. 그리고 그 체력을 바탕으로 스피드스케이팅에서도 어렵지 않게 5,000m와 10,000m 국가대표로 선발되고, 밴쿠버 올림픽 출전권을 따냈다. 월드컵 5,000m 경기에서 세 번의 한국 신기록을 세운 것은 덤이었다.

쇼트트랙 선수가 아닌 스피드스케이팅 선수로 출전한 첫 올림픽, 그는 말 그대로 사고를 쳤다. 첫 출전한 5,000m에서 6분 16초 95의 기록으로 장거리 지존 네덜란드의 스벤 크라머에 이어 은메달을 딴 것이다. 더욱이 그의 은메달은 대한민국 선수단의 밴쿠버 올림픽 첫 메달이기도 했다.

며칠 후 벌어진 10,000m 경기에선 더한 기적을 썼다. 5,000m 우승자인 스벤 크라머가 코스를 착각하는 엄청난 실수를 저지른 덕분에 은메달을 딸 뻔했던 이승훈이 금메달을 따낸 것이다. 어찌나 놀라운 일이었던지 당시 2위와 3위를 했던 러시아의 스콥레프와 네덜란드의 밥 데용이 시상식에서 이승훈 선수를 목마를 태우고 함께 축하한 장면은 지금도 회자되는 명장면이다. 그렇게 인연을 쌓은 밥 데용은 최근 대한민국의 코치로 부임하여 이승훈 외 선수들의 기록 경신을 돕고 있다.

귀국 이후 이승훈 선수는 MBC 토크 프로그램인 '무릎팍도사'에도 출연하는 등 유명세를 톡톡히 치렀다. 그리고 다음 올림픽에서는 쇼트트랙과 스피드스케이팅에 동시 출전에 도전하겠다며 포부를 밝히기도 했다. 또한 친구 모태범과 함께 대한항공 빙상팀에 입단하여 경제적인 안정과 든든한 지원도 얻었다.

네덜란드의 초강세에 밀리다

하지만 쇼트트랙과 스피드스케이팅을 병행하는 건 생각만큼 쉬운 일이 아니어서 이승훈 선수는 결국 쇼트트랙을 포기하고 스피드에만 집중하기로 한다. 그러나 훈련 방식과 스케이트를 바꾼 것이 독이 되고, 무릎 부상까지 당하면서 기나긴 슬럼프의 터널을 지나야 했다.

2014년 소치 올림픽에 출전한 이승훈은 5,000m에서 12위에 머무르며 메달 획득에 실패했고, 10,000m에서도 4위에 머무른다. 당시 스피드스케이팅 최강국인 네덜란드의 기세는 경이로울 정도여서 5,000m와 10,000m 1, 2, 3위를 모두 네덜란드 선수들이 휩쓰는 초강세를 보였다. 장거리에서 4년 전 영광을 재현하는 데 실패한 이승훈 선수는 팀 추월에 김철민, 주형준과 함께 출전하여 8강전에서 러시아, 4강전에서 이전 대회 우승팀인 캐나다를 이기고 결승전에 진출한다.

상대는 역시 스피드스케이팅 최강국인 네덜란드. 이승훈이 이끄는 대한민국팀 추월 대표팀은 선전했지만 5,000m와 10,000m를 싹쓸이한 네덜란드팀을 이기는 건 불가능에 가까웠다. 결국 은메달을 따내는 데 만족할 수밖에 없었고 이승훈 선수는 스피드스케이팅 개인 최다 메달 획득 기록을 세웠다.

매스 스타트의 초대 챔피언에 도전하다

다가오는 평창 동계올림픽에서 이승훈 선수는 이전 대회에 출전했던 5,000m와 10,000m, 팀 추월에 이어 1,500m와 매스 스타트에도 출전한다. 앞서 이야기한 대로 매스 스타트는 평창 올림픽에서 처음으로 정식 종목이 된 종목으로 쇼트트랙과 유사한 점이 많아 쇼트트랙 출신인 이승훈 선수에게 특히 유리한 종목이다.

2016-2017 시즌뿐만 아니라 2017-2018 시즌에도 종합 랭킹 1위를 달릴 정도로 이 종목에서 이승훈 선수는 절대 강자로 군림하고 있다. 다만 그만큼 많은 견제도 받고, 그에 따라 국적이 다른 선수들 간의 팀플레이도 종종 나오고 있다. 다들 이승훈 선수의 눈치만 보다가 막판에 스퍼트를 하거나 경기 중반 일찍 스퍼트를 올려서 간격을 벌림으로써 우승하는 선수들도 나오고 있다. 이는 쇼트트랙 3,000m에서도 종종 나오는 작전으로 이승훈 선수도 몇 차례 당한 이상 대비책을 준비하고 있다. 올림픽을 앞두고 열린 마지막 월드컵인 4차 대회에서도 이승훈 선수는 막판 대역전극을 펼치며 0.15초 차 우승을 일구어낸 바 있다. 대표팀 후배인 정재원 선수가 초반에 스퍼트를 한 러시아, 네덜란드 선수와의 격차를 줄여준 반면, 이승훈 선수는 후미에서 체력을 안배하며, 상대 선수들보다 더 안쪽 코스를 노린 전략이 주효했다고 한다.

이제 올림픽 본선 무대만 남은 셈. 이승훈 선수는 매스 스타트가 너무나 다양한 변수가 많은 종목이기 때문에 여러 가지 상황에 대비하는 준비를 하고 있다고 한다.

'아시아에서 독보적인 장거리 선수'가 되는 것이 최종 목표

앞서 말한 대로 이승훈 선수가 평창 올림픽에 출전하는 종목은 모두 5종목. 이중 우승이 유력한 매스 스타트뿐만 아니라 지난 올림픽에서 은메달을 따고 이번 시즌 월드컵 1차 대회에서 우승한 팀 추월도 메달 획득을 노려볼 만한 종목이다. 하지만 이승훈 선수는 메달 색깔에 상관없이 출전하는 모든 종목에서 메달을 따는 게 목표라고 한다. 가장 큰 적수는 역시 스피드스케이팅의 최강국 네덜란드의 선수들. 스벤 크라머를 위시한 오렌지 군단 네덜란드 선수들의 벽을 깨야 팀 추월뿐만 아니라 장거리 종목에서도 입상권에 들 수 있을 것이다.

최종적인 목표로 '아시아에서 독보적인 장거리 선수'가 되는 것이 꿈이라는 이승훈 선수. 사실 이미 자신의 꿈을 이뤘지만 아직 미완성이라고 말하는 그는 인성, 성실함, 자기관리 등 모든 면에서 모범적인 선수라고 할 수 있다. 선수 생활 이후엔 강단에 설 계획이라고 말하는 그는 2017년 6월 결혼까지 하며 심리적인 안정감을 얻은 바 있다. 평창 올림픽이 끝난 3월 6일에 만 30세가 되는 이승훈 선수가 어떤 30대를 맞이할지는 알 수 없지만 지금껏 해온 대로 계속 정진할 것이기에 여전히 훌륭한 선수로 남을 것이라고 기대한다.

🏅 그만의 성공 비결

이승훈 선수는 인성, 실력, 외모까지 두루 갖춘 팔방미인이라고 할 수 있다. 물론 신의 한 수라고 일컬어지는 종목 전환이 없었다면 그저 그런 쇼트트랙 선수로 잊히고 말았을지도 모른다. 하지만 주변의 권유를 슬기롭게 받아들여 세상을 깜짝 놀라게 했을 뿐만 아니라 한 번의 성공에 만족하지 않고 팀추월과 매스 스타트까지 자신의 영역을 계속 넓혀 가는 그의 도전은 그가 국민들의 사랑과 관심을 지속적으로 받을 수 있는 원동력일 것이다. 한순간의 성공에 도취하지 않고 끊임없이 도전하는 모습이야말로 우리가 그에게 기대하는 모습이고 또 우리가 추구하는 모습일 것이다. 자신의 바람대로 출전하는 5개 종목 모두에서 메달을 딸 수 있을지는 알 수 없으나 도전만으로도 그는 이미 성공했다고 말할 수 있다. 우리는 그의 그러한 모습에서 계속 자극받으며 새로운 분야에 도전할 수 있는 용기를 얻어야 할 것이다.

권 작가가 생각하는 이승훈 선수

사석에서 이승훈 선수를 만난 적은 없지만, 같은 남자가 봐도 정말 잘생기고 또한 바른 생활 사나이라는 생각이 드는 선수다. 쇼트트랙 선수 시절에는 너무나 안타까울 정도로 안 풀려서 어떻게든 돕고 싶다고 생각할 정도였는데, 스피드스케이팅 선수로 전향해서 놀라운 기적을 연이어 만들고 있는 모습을 보니 매우 뿌듯하다. 선수 생명이 길어지는 추세인 만큼 오래오래 그가 활약하는 모습을 지켜보길 바란다.

엄 코치와 이승훈 선수

태권도 선수들의 재활트레이닝을 담당했던 2002년 겨울. 태권도 코치님의 부탁으로 처음 쇼트트랙스케이트장을 가 보게 되었다. 이승훈 선수와 인연은 그렇게 시작되었다. 스케이트 선수들을 처음 본 그날 바람을 가르며 달리는 스케이트 선수들 중 유난히 눈에 띄는 선수가 있었다. 그가 바로 이승훈 선수였다.

그날 이후 시합장에서 이승훈 선수와는 가끔 보았다. 타고난 재능 덕분에 최고의 선수 중 하나로 꼽혔지만, 항상 성실하게 훈련을 했던 모습을 기억한다. 지금 다시 생각해 봐도 참 대단한 선수였던 것 같다. 잘생긴 외모에 실력까지 갖추었는데 겸손하고 예의 바른 선수였다. 그런 모습에 늘 마음이 끌렸다. 상대편으로 뛸 때도 응원을 하게 만드는 치명적인 매력을 지닌 선수였다. 나는 이승훈 선수가 꼭 멋진 선수가 되어 대한민국의 기둥이 되는 국가대표 선수가 되어 주길 기대했다.

2009년 캐나다 밴쿠버 올림픽 국가대표 선발전을 앞두고 경기장 선수 대기실에서 만난 안현수 선수와 이승훈 선수는 남다른 포스로 준비를 하고 있었다. 모두가 기대하던 올림픽 국가대표를 선발하는 시합을 바로 앞둔 시점. 대관 중이던 시합장이 순간 웅성이기 시작했다. 경기장의 문이 열리고 이승훈 선수가 응급구조대에 실려 나왔다. 나는 응급조치로 테이핑을 해 주었지만 바로 시합을 하기에는 무리였던 상태. 그것은 주목받던 선수의 꿈이 무너지는 순간이었다.

하지만 이승훈 선수는 몇 달 후 끈기와 성실함을 바탕으로 스피드스케이팅으로 전향했고, 스피드스케이팅 장거리 종목의 국가대표가 되었다. 그렇게 대한민국 장거리 스피드스케이팅의 새 역사가 시작되었다. 나는 이승훈 선수에게서 꿈은 성실함과 좌절을 이기는 의지로 이뤄낸다는 것을 배웠다. 이제 평창 동계올림픽을 넘어 '빙상의 전설'이 될 이승훈 선수가 대한민국 체육계의 리더로 성장할 것을 기대하며, 그의 투혼을 응원한다.

김민석, 김민선, 정재원, 차민규, 박승희, 노선영

롤모델과 가족

대한민국의 빙상 유망주로 꼽히는 김민석, 김민선, 차민규, 정재원 선수에게는 이승훈, 이상화, 모태범이라는 어마어마한 선배들이 있다. 그들과 함께 훈련하고 경기를 뛰는 것은 이들 유망주들에게 커다란 경험과 자산이 된다. 대한민국 빙상의 유산이 이들을 통해 전해진다면 다음 베이징 올림픽뿐만 아니라 그 후 대회도 기대할 수 있다. 향후 10년 이상 대한민국 스피드스케이팅의 미래를 짊어지고 나갈 이들의 성공 요인은 바로 롤모델이 될 것이다. 또한 두 누나를 달리게 할 동생들의 존재도 가족의 소중함을 일깨울 이야기거리가 될 것이다.

고등학생이지만 늠름한 체격의 김민석 선수

2010년 대한민국에 큰 기쁨을 줬던 밴쿠버 3총사와 여자 매스 스타트의 김보름 선수 말고도 스피드스케이팅에 출전하는 선수들은 여럿 있다. 그중 메달 획득이 유력하거나 앞으로 더 기대되는 선수들의 이야기를 적는다.

김민석 - 1,500m와 팀 추월의 기대주

평창 올림픽에서 1,500m와 이승훈 선수와 함께 팀 추월 멤버로 나서는 김민석 선수는 이제 고작 고등학생의 신분이지만 올림픽 메달 기대주 중에 한 명이다.

대표팀 선배이자 롤모델인 이승훈 선수의 초등부 기록을 10년 만에 깨며 혜성처럼 등장한 김민석 선수는 이승훈 선수처럼 쇼트트랙과 스피드스케이팅을 병행하기도 했다. 이미 중학교 때 고등부 선배들의 기록을 뛰어넘을 정도로 뛰어난 실력을 드러낸 그는 2017년 동계 아시안 게임에서 이승훈 선수와 함께 팀 추월 금메달을 따내고 1,500m에서도 우승하며 병역 문제도 일찌감치 해결했다.

이승훈 선수의 후배답게 지독한 연습벌레로 스포츠 유치원 때부터 이미 매일 7~8시간씩의 훈련을 계속할 정도라고 한다. 짜릿한 속도감에 반해 스피드스케이팅을 시작한 만큼 고된 훈련과 스피드 감을 즐기는 그는 국내 무대에선 항상 자신과 싸움을 하고

1   김민석 선수의 힘찬 역주(사진 제공 정호형)

2   이상화 선수를 연상케 하는 김민선 선수의 스케이팅 자세
       (사진 제공 정호형)

있다. 자신이 세운 기록을 자신이 경신하는 과정을 계속 반복하고 있는 것이다. 물론 국제무대에서도 좋은 성적을 꾸준히 올려 2016년 2월 노르웨이에서 열린 유스동계올림픽 1,500m에서 정상에 섰을 뿐 아니라, 2017-2018 시즌 월드컵 2차 대회에서 4위에 오르며 종합 랭킹 10위로 평창 올림픽에서의 좋은 성적을 기대케 하고 있다. 나이가 어린 만큼 앞으로 성장 가능성이 더 기대되는 선수로 이번 평창 올림픽뿐 아니라 4년 후 베이징 올림픽에서는 더 좋은 성적을 기대해 본다.

김민선 - 제2의 이상화

남자부의 김민석, 정재원 선수가 고등학생 메달리스트 신화에 도전한다면 여자부에선 김민선 선수가 여자 500m의 유망주로 기대를 받고 있다. 1999년생인 김민선 선수는 2017 릴레함메르 동계유스올림픽 500m에서 금메달을 따고, 2017 종목별선수권 500m에서 15위를 차지했다. 또한 'Fall Classic 2017' 500m에서는 37초 70을 기록하며 주니어 세계신기록을 수립했다. 이는 2007년 이상화(28) 선수가 기록한 37초 81의 종전 기록을 10년 만에 경신한 쾌거다.

물론 이번 동계올림픽에서 김민선 선수가 메달을 획득할 것이라 예상하는 사람은 없다. 하지만 2006년 토리노 올림픽에서 이상화 선수가 5위를 차지하며 차기 올림픽에 대한 기대감을 높인 것처럼 김민선 선수도 이번 올림픽에 출전해서 경험을 쌓고 가능성을 보여 준다면 4년 후 베이징 올림픽에선 포스트 이상화로서 좋은 성적을 거둘 수 있을 것이다. 김민선 선수는 이상화 선수를 동경하며 이상화 선수처럼 되고 싶다는 꿈을 가지고 운동에 집중했다고 한다. 그리고 이상화 선수와 함께 대표팀 생활을 하며 멘탈이나 스케이팅 부분에서 많은 도움을 받고 있다.

이상화 선수도 김민선 선수를 보면 어렸을 때 자신의 모습이 떠오른다며 자세가 좋아서 어렸을 때 자신보다 더 잘한다고 칭찬을 아끼지 않는다. 그리고 올림픽을 치르면서 더 성장할 것이기 때문에 많이 도와주고 있다.

미소가 너무나 사랑스러운 김민선 선수
(출처 김민선 선수 인스타그램)

이상화 선수 이후가 걱정됐던 한국 여자 스피드스케이팅의 새로운 기대주로 떠오른 김민선 선수. 그녀가 이번 평창 올림픽을 통해 차세대 주자로 떠오르길 기대한다.

정재원 - 대표팀 막내

고3인 김민석 선수보다 2살 더 어린, 그야말로 새파랗게 젊은 정재원 선수는 이번 올림픽에 팀 추월과 매스 스타트에 나선다. 이미 지난 월드컵 1차 대회 매스 스타트 종목에서 이승훈 선수에 이어 동메달을 따낸 정재원 선수는, 4차 대회 때는 9위에 그쳤지만 앞서 달려 나간 선수들과의 간격을 좁히며 이승훈 선수가 대역전승을 하는 데 크게 기여했을 뿐만 아니라 자신의 종합 랭킹도 7위로 끌어올렸다.

팀 추월의 경우, 남자 대표팀은 1차 대회 때는 금메달을 땄지만 3, 4차 대회 때는 연달아 7위를 하는 부진을 겪었다. 김민석 선수와 정재원 선수가 경험 부족으로 인한 체력 문제를 드러낸 것이다. 정재원 선수의 경우 초반에 속도를 잡는 역할을 하는데 후반으로 갈수록 체력이 떨어지는 모습을 보였다. 이에 정재원 선수는 앞으로 남은 기간 체력을 최대한 끌어올려서 올림픽 금메달에 도전하겠다는 계획이다. 한편 정재원 선수의 형인 정재웅 선수도 1,000m 출전권을 획득하여 집안에 겹경사가 났다. 평창 올림픽에서 '빙상

형제는 용감했다'를 보여줄 수 있기를 바란다.

차민규 - 500m의 깜짝 메달 기대주

이상화와 일본의 고다이라 나오의 2파전이 예상되는 여자 500m
와 달리 남자 500m는 선뜻 우승 후보를 지목하기가 쉽지 않다. 물
론 스피드스케이팅 최강국이며 4년 전 소치 올림픽에서 금·은·동
을 모두 쓸어간 네덜란드의 강세가 예상되기는 하나 예전과는 달
리 단 한 차례의 레이스로 순위가 결정되기 때문에 경기 당일 어
떤 이변이 일어나도 이상하지 않다고 할 수 있다.

이런 남자 500m에서 8년 만의 금메달에 도전하는 모태범 선수
보다 더 큰 기대를 받는 선수가 있으니 바로 동두천 시청의 차민
규 선수이다. 지난 월드컵 3차 대회에서 0.001초 차로 은메달을 딴
차민규 선수는 개인기록을 0.5초나 단축하는 성장세를 보여 주었
다. 지난 2015-2016시즌 때도 500m에서 동메달을 딴 바 있기에 차
민규 선수의 메달 획득은 더욱 기대된다.

차민규 선수도 이승훈 선수처럼 쇼트트랙에서 스피드 스케이트
로 전향한 선수이다. 2011년 종목을 바꾼 이후 엄청난 성장세를
보여 주고 있는 차민규 선수는 2017년 알마티 동계유니버시아드에
서 500m와 1,000m 정상에 올랐고 삿포로 동계아시안 게임 500m에
선 동메달을 획득했다.

스피드로 전향해 질주하는 박승희 선수(사진 제공 정호형)

국내에서 열리는 대회인 만큼 최선을 다해 준비해서 후회 없는 경기로 꼭 메달을 따겠다고 다짐하는 차민규 선수. 그의 다짐이 이루어질지 지켜보도록 하자.

박승희, 노선영 - 누나들은 강하다

아깝게 올림픽 출전권을 따지 못한, 혹은 불의의 질병으로 유명

본인의 스피드스케이팅 첫 월드컵 메달을 딴 박승희 선수(출처 박승희 선수 인스타그램)

을 달리한 남동생을 두고 올림픽에 출전하는 두 여자 선수가 있다.

바로 박승희 선수와 노선영 선수다.

이승훈 선수의 성공 이후 쇼트트랙 선수들의 스피드스케이팅 전향은 하나의 트렌드가 됐다. 그중 가장 좋은 성적을 거두고 있는 선수는 앞에서 소개한 김보름 선수다. 그런데 김보름 선수를 포함하여 대부분의 전향한 선수들이 쇼트트랙에서 좋지 못한 성적을 거둬 스피드스케이팅으로 전향한 데 비해 박승희 선수는 쇼트트랙 선수로서 최고의 자리에 올랐음에도 미련 없이 쇼트트랙을 떠나 스피드스케이팅으로 옮겨 왔다. 지난 소치 올림픽에서 금메달 2개와 동메달 1개를 따내며 올림픽 출전 선수 중에서 가장 좋은 성적을 거둔 박승희 선수지만, 그녀는 홀연히 쇼트트랙 선수 생활을 그만두고 스피드스케이팅으로 전향했다. 그리고 전향하자마자 국가대표로 선발되며 "역시 박승희"란 찬사를 들었다. 하지만 안타깝게도 쇼트트랙 선수 시절처럼 세계 정상에 서진 못하고 중상위권 성적을 꾸준히 유지하면서 올림픽 출전 가능성을 높여 왔다.

그리고 마침내 이번 시즌 월드컵 대회에서 평창 올림픽 1,000m 출전권을 따내며 대한민국 최초로 쇼트트랙과 스피드스케이팅 모두 올림픽 무대를 밟는 선수가 됐다. 빙상 3남매로서 지난 소치 올림픽에 함께 출전했던 3남매 중 언니 박승주 선수는 결혼과 함께 은퇴를 했고, 동생 박세영 선수는 쇼트트랙 대표팀 선발전에서 아깝게 탈락했다.

동생과 티격태격하지만 그를 매우 아끼는 박승희 선수. 그녀가 동생 몫까지 뛰어 좋은 성적을 거두길 기대한다.

이번 시즌에 박승희 선수는 1차 월드컵 팀 스프린트 경기에서 스피드스케이팅 첫 메달을 따냈다. 팀 스프린트는 3명의 선수가 400m 트랙을 함께 3바퀴 도는 종목이다. 한 바퀴를 돌 때마다 한 명의 선수가 트랙을 빠져나오고 마지막 바퀴는 한 명만 레이스를 펼치게 된다. 3명의 선수가 6바퀴(남자 8바퀴)를 함께 도는 팀 추월과 비슷하지만, 아쉽게도 팀 스프린트는 올림픽 정식 종목이 아니다.

박승희 선수가 올림픽 출전권을 따낸 1,000m의 월드컵 랭킹은 24위. 메달권과는 거리가 있지만 본인의 올림픽 마지막 경기인 만큼 최선을 다할 것이다. 그리고 은퇴 후 패션 디자인을 공부하겠다는 계획도 좋은 결실을 맺길 기원한다.

고 노진규 선수의 누나인 노선영 선수는 지난 소치 대회에 이어 2회 연속 올림픽에 출전한다.

중장거리 전문 선수인 그녀는 아쉽게도 개인전 출전권은 따내지 못했고, 김보름, 박지우 선수와 호흡을 맞춘 팀 추월에서 8위에 올라 평창 올림픽에 나오게 됐다. 사실상 턱걸이한 것이지만 토너먼트로 열리는 만큼 상대팀을 한 팀만 이겨도 준결승에 올라 메달 획득이 가능해진다. 노선영 선수가 동생 고 노진규 선수의 못 다한 올림픽 메달의 꿈을 이룰 수 있을지 여자팀 추월 경기도 집중해서 보도록 하자.

공연 관람 후 동생과 다정하게 한 컷 찍은
박승희 선수(출처 박승희 선수 인스타그램)

🏅 그 들 만 의 성 공 비 결

훌륭한 운동선수에겐 항상 롤모델이 되는 선수들이 있었다. 대한민국의 빙상 유망주로 꼽히는 김민석, 김민선, 차민규, 정재원 선수에게는 이승훈, 이상화, 모태범이라는 어마어마한 선배들이 있다. 그들과 함께 훈련하고 경기를 뛰는 것은 이들 유망주들에게 커다란 경험과 자산이 된다. 대한민국 빙상의 유산이 이들을 통해 전해진다면 다음 베이징 올림픽뿐만 아니라 그 후 대회도 기대할 수 있다. 향후 10년 이상 대한민국 스피드스케이팅의 미래를 짊어지고 나갈 이들의 성공 요인은 바로 롤모델이 될 것이다. 그리고 박승희 선수와 노선영 선수는 안타깝게 올림픽에 나오지 못한 두 동생을 위해서도 달린다는 동기가 있다. 물론 그것이 두 선수가 올림픽에 출전하는 절대적인 이유는 아니지만, 상당 부분 동기를 부여하는 것도 사실이다. 두 선수가 메달을 딸 수 있을지는 알 수 없지만 출전만으로도 두 선수와 두 동생에겐 큰 의미가 있을 것이다. 우리가 삶을 살아가는 이유 중 상당 부분은 가족의 존재도 있다. 때론 짐이 되거나 스트레스의 원인이 되기도 하지만 그들이 있음으로 해서 보다 우리의 삶이 의미를 갖는 것도 사실이다. 그들과 행복한 일상을 영위할 수 있도록 모두 노력해야 할 것이다.

제 3 장

역대 동계올림픽
금메달리스트

김기훈

개척 정신

신기술과 새로운 장비를 개발함은 물론이고 기존 세계 최고 선수들의 장점을 자기 것으로 만들기 위해 연구와 훈련을 쉬지 않았던 그의 도전 정신이 오늘날 쇼트트랙이 동계올림픽의 인기 스포츠가 되는 데 결정적인 역할을 했다고 할 수 있다. 뿐만 아니라 끝날 때까지 끝난 게 아니라는 정신으로 올림픽 정식 종목이 된 첫 대회에서 드라마틱한 승부를 연출해 냄으로써 향후 수많은 명승부가 이어지고 쇼트트랙에 국민적인 관심이 쏠리는 데도 많은 역할을 해냈다. 그는 선구자이자 개척자이고 탐험가이며 연구자였다.

44년 만의 첫 올림픽 금메달

1992년 2월 21일 새벽. 대한민국 국민들의 눈과 귀는 지구 반대편인 프랑스 알베르빌 아이스홀에 쏠려 있었다. 대한민국 국가대표팀이 동계올림픽에 출전한 지 어언 44년. 1976년 캐나다 몬트리올 올림픽에서 첫 금메달을 획득한 하계 올림픽과 달리 동계올림픽에서는 그동안 금메달은커녕 메달 하나조차 따지 못했던 대한민국은 이번 대회 들어 정식 종목으로 채택된 쇼트트랙 남자 1,000m 결승전에 출전한 김기훈과 이준호에게 메달, 더 나아가 금메달을 딸 수 있을 거란 기대를 걸고 있었다.

두 선수 중에서도 특히 김기훈은 쇼트트랙이 시범 종목으로 채택된 1988년 캘거리 동계올림픽 1,500m에서 금메달을 획득한 바 있어 가장 금메달 획득이 기대되는 선수였다. 물론 전 국민적인 기

금메달 획득 후 김기훈 선수의 모습
(출처 김기훈 페이스북)

대를 한 몸에 받는 만큼 부담감도 컸다.

그래서인지 김기훈은 "링크 들어가기 전 대기실에서 끈을 묶고 있을 때는 아무 생각도 않으려고 애썼다."고 고백했다. 준준결승전과 준결승전을 조 1위로 순조롭게 통과한 김기훈은 준준결승과 준결승에서 함께 경기했던 뉴질랜드의 맥밀런, 캐나다의 블랙번과 함께 결승전을 치르게 됐다. 김기훈의 2년 선배이자 국내 라이벌인 이준호도 함께 결승전에 올라 경쟁을 했다.

출발을 알리는 총성이 울리고 맨 마지막 4위로 출발한 김기훈은 6바퀴째에 접어들면서 아웃코스로 나서 나머지 선수들을 가볍게 제치고 선두에 올랐다. 그리고 속도를 높여 뒤 선수들과 점점 거리를 벌리기 시작했다. 뉴질랜드의 맥밀런, 캐나다의 블랙번, 대한민국의 이준호가 차례로 뒤를 따랐다. 세 바퀴를 남겨 놓고 맥밀런이 김기훈의 바로 뒤까지 추격을 했지만, 김기훈의 레이스는 흔들림이 없었다. 두 바퀴를 남겨 놓고 3위로 달리던 캐나다의 블랙번이 지친 맥밀런을 인코스로 제치고 2위로 올라섰고 이준호도 그 뒤를 따랐다. 마지막 바퀴를 알리는 종이 울릴 즈음 캐나다의 블랙번을 사이에 두고 김기훈과 이준호가 1, 3위를 달렸다. 하지만 김기훈과 블랙번의 거리 차는 이미 역전을 허용하기엔 너무 멀었다. 결국 김기훈이 1분 30초 76의 기록으로 세계신기록을 세우며 금메달을 획득했다. 44년 노메달의 한을 일거에 풀어 주는 완벽한 레이스였다.

당시 김기훈은 경기를 마치고 "참 기쁩니다. 모든 국민들이 성원해 주서서 제가 여기 처음 왔을 때 한 약속을 지킬 수 있어서 기쁩니다."라고 인터뷰했다. 당시를 회상하며 김기훈은 "순위 종목이기 때문에 기록은 별로 중요하지 않다고 생각하는 사람들도 있지만 세계 신기록을 세울 수 있을 정도의 속도로 타야 순위에서도 우선순위를 차지할 수 있다."고 회상했다. 그만큼 최선을 다했다는 이야기다.

쇼트트랙의 진정한 재미를 보여 준 남자 계주 5,000m 결승

어쨌든 쇼트트랙의 선구자 김기훈이 남긴 족적은 동계올림픽 사상 첫 금메달 획득과 세계 기록 수립만으로도 매우 크다 하겠다. 하지만 김기훈의 진짜 진가는 남자 계주 5,000m 결승에서 빛났다.

첫 금메달의 감격이 채 가시지도 않은 이틀 후 김기훈은 이준호, 송재근, 모지수와 함께 남자 5,000m 계주 결승전에 출전했다. 대한민국 남자 계주 대표팀의 경쟁 상대는 1,000m 결승에서도 맞붙었던 선수인 맥밀런의 뉴질랜드, 블랙번의 캐나다와 일본이었다. 이 중 전통의 라이벌이자 쇼트트랙 종주국인 캐나다와 함께 초창기 쇼트트랙 강국이었던 일본이 메달 경쟁국으로 꼽혔다.

김기훈은 스타트와 힘이 좋은 이준호에 이어 2번 주자로 나서 대회 2관왕에 도전했다. 4위로 레이스를 시작한 한국은 순식간에 선두에 오르기도 했으나 캐나다에게 바로 선두를 뺏기고 치열한 1, 2위 싸움을 벌였다. 36바퀴째에서 캐나다를 제치고 선두에 올라섰지만, 선수 개개인의 기량이 고르고 힘이 좋은 캐나다는 만만치 않은 상대였다. 바로 26바퀴를 남겨 놓고 다시금 캐나다가 선두로 나서자 바로 다음 주자였던 김기훈이 역전을 시키면서 엎치락뒤치락했고 한동안 대한민국이 1위를 지켰지만 13바퀴를 남겨 놓고 이준호가 김기훈에게 터치를 하는 과정에서 캐나다의 2번째 주자 미셸 타이놀트가 1위를 빼앗았다. 그리고 순번이 한 번 돌면서 캐나다와 대한민국의 격차가 점점 벌어졌다. 1번 주자로서 스피드가 좋은 이준호가 격차를 다시 줄였지만 역전하기는 쉽지 않았다. 2번 주자인 김기훈이 바짝 추격을 한 상태에서 3번 주자인 송재근에게 넘겨줬지만 격차는 여전했고, 4번 주자인 모지수도 캐나다에게 뒤진 상태에서 이준호에게 넘겨줬다. 그러면 이렇게 계주 주자 간에 역할은 어떻게 구분할까? 어떤 기준으로 계주 선수들을 배치할까? 김기훈은 다음과 같이 말한다.

"계주 선수들의 역할이 다 달라요. 계주 1번 선수는 스타트와 순발력이 좋아야 하고, 2번 선수는 지구력과 게임 운영이 좋아야 하고 3번 선수도 게임 운영 능력이 뛰어나야 하는데, 4번 선수는 스피드가 폭발적으로 좋아야 해요. 각자의 위치에서 소화해야 하는 내용이 다 다릅니다."

이제 세 바퀴를 남겨둔 상황. 이준호가 터치하는 과정에서 상대 캐나다 선수의 방해를 받아 약간 삐끗했으나 굴하지 않고 추격을 계속했다. 마지막으로 터치를 받은 김기훈과 캐나다의 미셸 타이놀트. 골인까지 200m 정도 남겨둔 시점에서 두 선수의 거리는 4~5m에 달했다. 하지만 필사의 추격을 전개한 김기훈은 결승선을 앞둔 코너에서 타이놀트의 등 뒤까지 접근했고, 타이놀트의 인코스를 파고들어 오른발을 쭉 내밀며 먼저 결승선을 통과했다. 0.04초 차 대역전승! 대한민국 쇼트트랙 비전의 기술인 날 내밀기가 빛을 발한 순간이었다. 끝날 때까지 끝난 게 아니라는 메이저리그 슈퍼스타 요기 베라의 명언대로 막판 대역전승을 일궈낸 김기훈은 손을 번쩍 들었고 대표팀 동료 선수들과 감격의 포옹을 했다. 쇼트트랙의 진정한 묘미를 보여 준 멋진 경기였다.

"저 선수를 어떻게든 빨리 추월해야겠다는 생각밖에 없었죠. 당시 날 내밀기를 연습한 거냐는 질문을 많이 받았는데 국민성인 거 같아요. 끝까지 포기하지 않는 게 우리 대한민국 사람들이기 때문에 저도 마찬가지였고 마지막까지 포기하지 않고 뛰었던 게 금메달로 이어진 거 같습니다." 김기훈은 당시 심정을 웃으며 고백한다.

"계주라는 종목이 그 나라 쇼트트랙의 수준을 보여 주는 종목이기 때문에 상당히 의미가 있는 금메달이었습니다."

세계선수권 개인전 전 종목 석권의 신화

김기훈의 신화는 여기에서 끝나지 않았다. 같은 해 미국 덴버에서 벌어진 세계선수권에서 김기훈은 사상 첫 전 종목 석권이라는 신기원을 열며 새로운 이정표를 세웠다. 이 기록은 10년 후 대표팀 후배인 김동성이 계주 포함 5관왕이라는 기록을 세우기 전까지 깨지지 않는 대기록이었다.

더욱이 예선부터 결승까지 단 한 차례도 1등을 놓치지 않고 제일 먼저 골인하는 완벽한 레이스를 펼쳐 현지 관중들의 기립 박수까지 받고, 현지 언론으로부터 '덴버의 연인'이라는 찬사까지 받았다.

이렇게 선수 생활의 최전성기에 전 세계 그 어떤 선수도 적수가 되지 못했던 김기훈에게 또 하나의 축복과도 같은 사실이 있었으니, 그것은 1986년 IOC 총회에서 1992년까지 같은 해에 열리던 동계올림픽과 하계올림픽을 1994년을 기점으로 2년씩 번갈아가며 열기로 결정했다는 것이었다. 그에 따라 1996년 열려야 했던 릴레함메르 동계올림픽은 1994년에 열리는 것으로 조정됐다. 선수로서 최전성기에 있던 김기훈으로서는 다시 한 번 다관왕에 도전해 볼 수 있는 기회가 온 것이었다.

악재를 딛고 올림픽 개인전 2연패의 신화를 쏘다

하지만 호사다마랄까. 1994년 릴레함메르 동계올림픽 개막을 앞두고 이런저런 부상 때문에 연습을 제대로 못한 김기훈의 몸 상태는 최상이 아니었고 그간 치른 국제대회에서의 성적도 좋지 않았다. 오죽했으면 올림픽을 앞두고 발표된 세계랭킹에서 그의 이름이 빠질 정도였다. 오히려 세계선수권에서 좋은 성적을 거두어 온 대표팀 후배 채지훈에게 기대를 거는 이들도 많았다. 이에 김기훈의 오기가 발동했다. 물론 매스컴의 관심도가 떨어지는 만큼 부담감 없이 홀가분하게 경기를 할 수 있다는 장점도 있었다.

마침내 개막한 릴레함메르 동계올림픽. 남자 1,000m 예선전과 준준결승전을 순조롭게 통과한 김기훈은 준결승에서 유력한 금메달 후보인 캐나다의 마크 가그농, 대표팀 동료 이준호와 한 조가 됐다. 마크 가그농은 2002년 솔트레이크 올림픽까지 뛰었던 캐나다의 간판스타로 1993년과 1994년 세계선수권 개인종합 우승을 차지할 정도로 뛰어난 기량을 가지고 있었다. 하지만 유독 올림픽 개인전 금메달과는 인연이 없어서 2002년 솔트레이크에서야 개인전 금메달을 딸 정도로 올림픽 울렁증이 있었다. 1,000m 준결승 경기에서도 마크 가그농은 레이스 중반 이후 이준호와 1, 2위를 다투다 1바퀴를 남겨 놓고 혼자 미끄러져 넘어졌다. 더불어 마크 가그농에 이어 2위로 달리던 이준호도 체력이 떨어졌는지 뒤로 처졌고, 그 틈을 놓치지 않고 이준호와 영국 선수 구치의 사이로 파고든 김기훈이 1위로 골인했다. 어느 정도 운도 따르긴 했지만 미세한 틈을 놓치지 않고 역전에 성공한 김기훈의 막판 집중력과 지구력이 빛난 경기였다.

마침내 벌어진 1,000m 결승전. 결승전에는 영국의 구치, 캐나다의 캠벨과 함께 대한민국의 채지훈과 김기훈이 함께 출전했다.

"1,000m의 경우 탐색전을 벌이다 6바퀴, 7바퀴부터 속도를 올리기 시작합니다."

그의 말대로 경기 중반까지 채지훈이 4위, 김기훈은 3위로 달리며 막판 승부를 준비하고 있었다. 앞에서는 캐나다의 캠벨이 1위, 영국의 구치가 2위였다. 그리고 5바퀴를 남겨 뒀을 때 김기훈이 아웃코스 추월을 시도했다. 하지만 캐나다와 영국 선수들의 스피드도 만만치 않아서 쉽게 자리를 빼앗지 못하고 3위로 계속 달려야 했다. 그리고 2바퀴를 앞두고 다시금 아웃코스로 추월을 시도할 때 캐나다의 캠벨이 영국의 구치에게 밀려 미끄러지며 쓰러졌고 그 틈을 타 김기훈은 인코스로 영국의 구치를 제치고 1위로 올라섰다. 그리고 레이스 마지막까지 그 1위를 끝까지 지킨 김기훈은 대한민국 올림픽 역사상 최초로 개인종목 2연패에 성공하며 다시금 세계 정상에 올랐다.

비록 정상이 아닌 몸 상태였으나 노련미와 막판 스퍼트에 힘입어 명예 회복에 성공한 순간이었다. 나란히 금메달과 은메달을 획득한 김기훈과 채지훈은 함께 태극기를 펼쳐 들고 링크를 돌았다.

"이때는 제가 원해서 태극기를 들고 세리머니를 했거든요. 세계적으로 '너는 메달권에서 벗어난 선수다'라는 소리를 들었기 때문에 내가 메달 땄다라는 걸 보여 주는 제스추어를 많이 했어요."

자신이 살아있음을 대한민국뿐 아니라 전 세계에 보여 준 쇼트트랙 제왕의 질주이자 세리머니였다.

김기훈의 과거와 현재

1967년 7월, 서울에서 태어난 김기훈은 경기고등학교 때까지만 해도 스피드스케이팅 선수였다. 하지만 순발력과 스피드가 좋은 그를 눈여겨본 코치가 쇼트트랙으로 전향을 권했고, 1984년 쇼트트랙으로 종목을 바꾼 그는 1985년에 처음으로 국가대표가 되어 외국 세계선수권 우승자들의 경기 영상을 보며 연구하기 시작했다. 그때까지만 해도 쇼트트랙 불모지였던 대한민국에는 쇼트트랙 관련 자료나 코칭 기법이 전혀 없었기 때문이었다. 그리고 피나는 연구와 훈련을 통해 그만의 쇼트트랙 기술을 개발해 냈다.

그가 만들어 낸 기술 중에 '호리병 주법'과 '외다리 주법'이 있다. 쇼트트랙 링크의 좁은 폭에서 4명이 넘는 선수들이 시합을 하다 보니 선두를 한 번 뺏기면 다시 선두가 되기 쉽지 않다. 호리병 주법은 직선 주로에서 외국 선수들이 워낙 폭발적인 스피드를 가지고 있으니 추월을 당하지 않기 위해 지그재그로 움직이며 엉덩이로 상대의 진로를 막는 주법이다. 또한 코너를 돌 때엔 상대의 빈틈을 노려 안쪽으로 파고들었다가 다시 코너 바깥쪽으로 나온다.

'외다리 주법'은 손에 장갑을 끼고 코너를 돌 때 중심을 오른발에 싣고서 왼발을 드는 주법이다. 이 주법을 통해 코너에서도 속도를 유지할 수 있다. 또한 코너를 돌 때 마찰력을 줄여주는 '개구리 장갑'을 처음 개발한 것도 김기훈이다. 왼쪽 장갑 끝에만 에폭시수지를 붙여 곡선에서 마찰력을 감소함으로써 속도를 줄이지 않고도 코너링을 할 수 있게 된다.

당시엔 대한민국 선수들만 활용하던 주법과 장갑이지만 이제는 '외다리 주법'과 '호리병 주법', '개구리 장갑'을 쓰지 않는 선수를 찾기 힘들 정도로 일반화됐다. 그야말로 단순히 올림픽 첫 금메달의 주인공일 뿐만 아니라 쇼트트랙의 선구자로서 후대에 커다란 영향을 끼친 것이다.

　현재 김기훈은 울산과학대 스포츠 지도과의 교수로 재직하면서 스포츠 심리학과 교양과목으로 빙상 종목을 가르치고 있다. 주니어 대표팀과 국가대표팀 코치를 역임하며 여러 차례 국제대회에서 좋은 성적을 거두기도 했지만, 현재는 교단에서 일반인들을 대상으로 스케이팅 보급에 힘쓰고 있다.

　또 이번 올림픽 개막을 앞두고 2017년 10월 그리스 아테네에서 진행된 성화 채화 행사에서 성화 인수 주자로 나섰을 뿐만 아니라 빙상종목들의 대표 선수들이 묶을 강릉선수촌장직을 맡아 선수들을 물심양면으로 지원할 예정이다.

⚅ 그 만 의 성 공 비 결

지금은 스피드스케이팅보다 쇼트트랙의 저변이 더 넓지만, 김기훈 선수가 종목을 전향하던 때만 해도 쇼트트랙은 불모지와 같았다. 하지만 자신의 한계와 장점을 정확히 알고 있던 김기훈 선수는 조언에 따라 과감하게 쇼트트랙으로 전향했고 대한민국뿐 아니라 전 세계 쇼트트랙의 기틀을 만드는 데 크게 기여했다. 신기술과 새로운 장비를 개발함은 물론이고 기존 세계 최고 선수들의 장점을 자기 것으로 만들기 위해 연구와 훈련을 쉬지 않았던 그의 도전 정신이 오늘날 쇼트트랙이 동계올림픽의 인기 스포츠가 되는 데 결정적인 역할을 했다고 할 수 있다. 뿐만 아니라 끝날 때까지 끝난 게 아니라는 정신으로 올림픽 정식 종목이 된 첫 대회에서 드라마틱한 승부를 연출해 냄으로써 향후 수많은 명승부가 이어지고 쇼트트랙에 국민적인 관심이 쏠리는 데도 많은 역할을 해냈다. 그는 선구자이자 개척자이고 탐험가이며 연구자였다. 그리고 그러한 전통은 후배들에게 고스란히 이어졌다.

권 작가의 김기훈 선수에 대한 기억

서문에서 썼듯이 권 작가가 쇼트트랙에 빠지게 된 건 김기훈 선수의 대역전극 덕분이었다. 그리고 오랜 세월이 지나 2003년 아오모리 동계 아시안 게임을 응원하러 갔을 때 김기훈 코치 및 당시 국가대표 선수들과 같은 숙소를 쓰는 바람에 함께 노천 목욕탕에 들어간 적이 있었다. 눈 오는 노천 목욕탕에서 쇼트트랙 국가대표 선수들과 함께 목욕을 즐긴 것은 잊기 힘든 추억이다.

그 후 개인적으로 연락을 해서 만났을 때 김기훈 코치는 매우 정중하고

환한 미소를 지어보이는 김기훈 교수

친절하게 대해 주셨다. 여러 가지 사정으로 국가대표 감독직을 오랫동안 하지는 못했지만, 매우 온화하고 부드러운 분이었던 것으로 기억한다. 또 한참 후 이번 책을 준비하면서 김기훈 코치 아니, 김기훈 교수에게 전화했을 때 김기훈 교수는 여전히 환한 미소로 맞아 주셨다. 쇼트트랙의 신기원을 개척한 김기훈 교수는 여전히 쇼트트랙인으로서 많은 이들의 존경을 받으며 후진을 양성할 것이라 믿는다.

엄 코치와 김기훈 선수의 인연

김기훈 선수와의 첫 만남은 태릉선수촌에서였다. 대학교 3학년 때 스포츠지도자과정 연수로 태릉선수촌으로 견학을 갔을 때였다. 그때 마침 쇼트트랙 시합 중이었는데, 코치박스에 있는 김기훈 코치는 장갑을 끼고 선수와 수신호로 지도를 하고 있었다. 단순한 손짓의 반복이었지만 무엇인가 독특한 느낌이 있었다. 선수들이 그의 수신호에 움직이는 모습에 묘한 매력이 있었는데, 한마디로 카리스마가 있었다.

쇼트트랙 빙상장 안에서 긴장된 분위기로 진행되는 경기 중에 빠른 속도를 내면서도 코치의 정확한 수신호를 인지하고 선수가 움직일 수 있다는 것이 신기했다. 경기관람을 마치고 체력 단련장으로 갔다. 그 당시 태릉선수촌 체력 트레이닝장에는 역대 올림픽 메달리스트들의 사진을 걸어 놓았다. 김기훈 코치의 선수 시절 사진을 보며 빙상 선수들은 올림픽 메달의 꿈을 키웠고, 코치들은 그 영광의 자리에 함께하기를 갈망했다.

그다음 만난 것은 전북도청선수들의 재활을 담당할 때였다. 다른 코치님들과의 저녁식사 자리에서 만난 김기훈 코치님과 식사를 하면서 이야기를 나누었는데 체력과 기술훈련을 위해 아이디어를 구체화하며 고민했었던 일들을 들을 수 있었다.

끈을 허리에 묶고 원심력을 극복하는 훈련과 스케이트 점프 훈련, 코너링 능력을 향상하기 위해 땅을 파서 각도를 만드는 훈련을 연구했다고도 한다. 그런 김기훈 코치의 노력이 오늘날 대한민국이 쇼트트랙 종목에서 정상급 실력으로 결승에 설 수 있었던 기반이 된 것 같다. 또한 내가 선수들의 재활을 담당할 때 다양한 재활운동방법을 고민해서 각 선수에 맞는 훈련방법을 고안해야 한다는 생각을 갖게 해준 사람도 김기훈 코치였다.

이제 대학에서 쇼트트랙 발전을 위해 노력하는 그의 모습이 대한민국 국민들에게 오래도록 기억되기를 바란다.

채지훈

치밀함

쇼트트랙에 대한 한없는 애정과 레이스에 대한 치밀한 작전으로 대역전극을 펼치며 금메달을 따낸 그의 비결은 결국 상대방을 완벽하게 분석한 치밀함이라고 할 수 있다. 물론 승리를 갈구하며 해낼 수 있다는 자신감, 즉 위닝멘털리티도 그의 대역전승을 이끌어낸 비결 중 하나였다고 할 수 있을 것이다.

기적의 500m 금메달

1994년 한국 시간 2월 27일 새벽 노르웨이 릴레함메르 하마르 올림픽 원형 경기장.

남자 500㎜ 결승전을 앞두고 채지훈은 심호흡을 크게 하며 대기석에서 일어섰다. 긴장하지 말자며 자신을 다잡았지만, 링크로 들어서는 순간 관중들의 엄청난 환호성과 긴장감에 아무것도 눈에 들어오지 않았다. 말 그대로 아찔했다. 그래도 애써 뛰는 가슴을 몇 번이나 쓰다듬어서 억누르며 스타트 라인에 섰다. 스타트 포지션은 2레인. 우승을 놓고 경쟁할 캐나다의 가그농이 1레인, 이탈리아의 빌레르민이 3레인이다. 스타트가 다른 선수들에 비해 느린 편이라서 걱정했는데 이 정도면 나쁘지 않다. 경기 전날 자기도 모르게 기도를 한 보람이 있었던 것일까? 추첨 결과가 좋았다. 경기 전 감독과 짠 전략은 초반 스타트가 좀 늦더라도 순위를 차근차근 올려 마지막 바퀴에서 뒤집는 것이었다. 스타트했을 때 꼴지만 아니면 대역전승의 가능성이 있다. 준결승에서도 경험했듯이 빌레르민의 스타트는 세계 최고로 이미 500㎜ 세계 신기록을 세운 선수였다. 다만 스타트 이후 2바퀴부터는 스피드가 떨어진다. 그래서 중반 이후를 노려야 한다.

"레디~, 쾅!"

총성이 울렸다.

예상대로 스타트가 빠른 빌레르민이 3레인인데도 1위로 나섰다. 채지훈은 1레인인 가그농에 이어 3위로 시작했다. 한 바퀴를 돌았을 때 선두인 빌레르민이 쭉쭉 치고 나간다. 2위인 가그농과는 차이가 10m가량 났다. 그리고 채지훈은 가그농의 바로 뒤에서 바짝 따라갔다. 2바퀴째를 돌면서 가그농의 아웃코스를 노리던 채지훈은 인코스를 파고드는 것으로 작전을 전환했다. 2바퀴가 남았기 때문에 마지막 바퀴에 빌레르민을 젖히려면 적어도 지금은 2위로 나서야 하기 때문이다. 직선주로에서 성공적으로 인코스를 파고든 채지훈은 2위로 올라섰다. 반면 3위로 처졌던 가그농은 서두르다 코너에서 블록을 밟고 미끄러졌다. 어부지리로 3위가 된 영국의 구치는 앞 선수들을 따라오기도 벅찼다. 2위는 확보한 상태. 하지만 앞서 달리는 빌레르민과의 거리는 여전히 멀다.

아직 포기는 금물이다. 바로 전 두 사람이 맞붙었던 준결승전에서 채지훈은 막판 전력을 다하지 않고 2위로 들어왔고 그래서 빌르레민이 약간 방심했을 수 있다. 그런 부분까지 염두에 두고서 준결승, 결승 레이스를 준비해야 한다. 기술과 체력도 중요하지만, 막판 승부를 가르는 건 결국 정신력과 마음가짐이다. 의도적으로 전략 노출을 피한 것은 바로 지금을 위해서였다.

하지만 한 바퀴 남긴 상태에서 아직도 10m 가까이 차이가 난다. 바로 그때 빌레르민이 뒤를 돌아봤다. 벌써 두 번째다. 뒤를 돌아봤다는 건 그만큼 심적으로 쫓기고 체력이 떨어졌다는 이야기다. 곡선 주로에서 빌레르민과 격차를 많이 줄인 채지훈이 드디어 직선 주로에서 스퍼트를 한다. 체력이 떨어진 빌레르민은 점점 속도가 떨어진다. 마지막 곡선 주로를 앞에 두고 차이는 2~3m 차이로

당시 채지훈 선수를 취재하기 위해
몰려든 카메라

줄어든다. 이제는 순전히 눈치와 머리 싸움이다. 인과 아웃, 어디
로 들어가느냐와 그걸 잘 막느냐의 싸움이다.

그때 다시 빌레르민이 뒤를 돌아다봤다. 채지훈은 직감했다.
'인코스를 막겠구나.'

결승선을 앞둔 마지막 코너. 채지훈은 아웃코스로 크게 돌아
들어갔다. 채지훈이 인코스로 들어가는 거라고 예상하고 막기 위
해 왼손까지 짚었던 빌레리민은 살짝 삐끗했다. 그 삐긋 한 번이
사실상 승부를 갈랐다. 두 사람이 마지막 직선 주로에서 결승선을
통과하는 순간 채지훈의 왼발이 결승선에 먼저 들어간 것이다. 대
한민국 동계올림픽 쇼트트랙 역사상 처음, 그리고 아직까지도 나
오지 않는 쇼트트랙 500㎭ 금메달을 따는 순간이었다. 채지훈은
당시 순간을 이렇게 회고한다.

"결승선 마지막 추월 시에는 정말 너무 큰 환호성이 들려서 고막이 터지는 줄 알았어요."

긴장이 풀려서 그런 거 아니냐고 물으니까 절대 아니라고 부정한다. 정말 소리가 컸다는 기억. 현장에 없었기에 그의 말을 인정할 수밖에 없다. 사실 승리를 확신했는데 0.02초밖에 차이 나지 않을지는 몰랐다고, 그렇게 박빙인 줄 알았으면 반드시 발 내밀기를 했을 거라 한다.

어쨌든 그 장면은 대한민국 동계올림픽 역사에 길이 남을 명장면 중에 하나다. 쇼트트랙이 동계올림픽 정식 종목이 된 지 2018년으로 26년째지만, 다른 종목에선 수도 없이 금메달을 딴 대한민국 쇼트트랙의 유일한 단거리 금메달이기 때문이다. 그 500m 금메달을 따기 위해 채지훈 자신도 많이 노력했다. 태릉 빙상장 바로 옆에 있는 스포츠과학연구소에 있는 사이벡스란 훈련 기계를 통해 집중적으로 연습을 했을 뿐 아니라 취약한 스타트를 개선하기 위한 연습도 많이 했다.

그리고 그 장면은 대한민국 스포츠사에 또 하나의 이정표를 세운 장면이기도 하다. 4년에 한 번씩 배출되는 빙상 아이돌 오디션의 첫 주인공이 탄생한 순간이기 때문이다.

첫 빙상 아이돌의 탄생

알베르빌에서 대한민국의 동계올림픽 첫 금메달을 따고, 계주 금메달까지 견인해 내며 올림픽 2연패를 한 김기훈은 분명 세계 쇼트트랙 역사와 대한민국 올림픽사에 길이 남을 영웅이지만 흔히 말하는 아이돌 스타와는 거리가 있었다. 무엇보다도 이십 대 중반을 넘어선 나이에서 오는 거리감이 소녀 팬들을 열광시키기엔 한계가 있었다. 하지만 만 스무 살의 나이에 전 국민의 이목이 집중된 올림픽 개인전에서 금메달을 딸 정도의 실력, 운동선수 같지 않은 곱상한 외모, 연세대라는 최고의 학벌까지(당시 농구대잔치로 연세대에 대한 호감도는 최고였다). 채지훈은 바로 그 전해에 서태지로 시작된 아이돌 문화의 수혜를 누리는 데 최적의 조건을 갖춘 선수였다.

그가 귀국했을 때 당시 김포공항에 몰려든 소녀팬들로 인해 공항을 빠져나오기도 힘들 정도로 인기가 폭발했다. 그렇게 당시 대한민국의 수많은 소녀팬들은 채지훈에게 열광했고, 그는 최초의 빙상 아이돌이 되었다. 연세대 선배이자 농구 선수 중 최고의 인기 스타였던 이상민 선수와 함께 인터뷰를 할 정도로 그의 인기는 신드롬 수준이었다.

물론 4년에 한 번 짧게 몇 달, 전 국민적인 관심을 받는 쇼트트랙이란 종목의 특성상, 그리고 그런 유명세를 즐기지 않는 본인의 성격 덕분에 그 신드롬은 오래 가진 못했지만. 그래도 4년 후 김동성이 나가노 올림픽에서 1,000m 금메달을 딸 때까지 채지훈은 언론에서 대한민국 쇼트트랙을 이야기할 때 항상 에이스의 숙명을 지고서 기사 첫머리를 장식하는 선수가 됐다.

릴레함메르 이후 채지훈의 선수 생활

사실 릴레함메르 동계올림픽은 그가 국가대표 선수가 되고서 두 번째 해에 출전한 대회였기에 정신 차리기도 힘들었다고 고백했다. 물론 그렇게 심리적으로 어려운 상황에서 금메달 1개와 은메달 1개를 땄다는 것은 그가 타고난 스타임을 보여 주는 결과라고 할 수 있겠지만 말이다. 이후 대한민국 남자 쇼트트랙의 진정한 에이스가 된 채지훈은 1994-1995 시즌부터 쇼트트랙에 눈을 떴고, 초대 에이스였던 김기훈 못지않은 성적을 거둔다. 1995년 세계선수권 3관왕 및 개인종합 우승, 1995년 동계유니버시아드 4관왕, 1996년 동계아시안게임 3관왕이란 눈부신 성적이었다.

그때 그는 경기에 나가면 어떻게 해야 이길지 눈앞에 길이 다 보일 정도로 쇼트트랙에 도통한 상태였다. 하지만 '호사다마'란 말대로 1996년 겨울 태릉선수촌에서 무리한 웨이트트레이닝을 하다가 허리 부상을 입고, 이후 충분한 휴식과 안정을 취하지 못해 허리 디스크로까지 발전하며 그의 선수 생활은 내리막길을 걷고 성적도 급전직하한다. 하지만 팬들은 그를 잊지 않았다. 1997년 전주에서 열린 동계유니버시아드 대회에서 계주 후보 멤버였던 채지훈의 이름을 아이스링크에 모인 팬들이 연호하자 그는 허리에 마취 주사를 맞은 채로 결승전에 나섰고, 관중들의 환호를 받으며 금메달을 따내는 데 일조한다.

그리고 그의 마지막 국제대회이자 현역으로서 마지막 대회였던 1998년 나가노 올림픽. 채지훈은 대회 전부터 금메달 기대주로서

| 1 | 집 안 가득 쌓여 있던 선물 꾸러미 |
| 2 | 채지훈 선수가 각종 대회에서 받은 메달과 훈장 등 |

언론의 기대를 모았지만, 허리 부상으로 개인전 내내 부진했고, 샛별 김동성이 개인전 1,000m 금메달을 따면서 스포트라이트는 김동성에 쏠린다. 빙상 아이돌과 대한민국 남자 쇼트트랙 에이스가 바뀌는 순간이었다. 그런데 사실 그런 것은 채지훈과는 별 상관없는 이야기였다.

다만 선수 생활의 마지막 경기가 될 남자 계주 5,000m에서 금메달을 따서 유종의 미를 거두는 것. 그것이 나가노 올림픽의 유일한 목표였다. 자신도 있었다. 숙명의 라이벌인 캐나다도 한 수 아래로 치부할 정도로 대한민국 남자 대표팀의 실력은 독보적이었다. 하지만 결승 레이스 초반 넘어진 한국 대표팀은 이후 김동성과 채지훈을 중심으로 치열한 추격전을 전개하지만 결국 캐나다에 이어 은메달에 그치고 말았다. "결코 캐나다가 우승할 만한 실력은 아니었어요. 우리가 훨씬 실력이 좋았거든요. 팀워크도 그렇고." 그때 채지훈은 김동성이 1,000m 금메달을 땄을 때 들고 링크를 돌았던 태극기를 가슴에 품고 그 기운을 받아 금메달을 땄으면 하는 바람을 안은 채 경기를 뛰었다고 한다. 계주 금메달을 따면 가슴 속 태극기를 쫙 펼쳐서 들고 환호할 계획이었는데, 안타깝게도 은메달을 따면서 그 바람은 이루어지지 못했다.

은퇴 이후 이야기

선수 생활 마지막 경기를 아쉽게 마무리한 채지훈은 1998년 은퇴 이후 미국으로 유학을 떠난다. 미국에서 어학연수를 받은 채지

미국 대표팀 선수 조단 말론과 함께

훈은 2002년 일시 귀국하여 박사 논문을 써서 박사 학위를 받았고, 2006년엔 미국의 쇼트트랙 국가대표 감독으로 부임했다. 한 시즌 미국 국가대표 감독을 경험한 채지훈은 북미는 국가대표팀 운영이 쉽지 않음을 체험했다. 태릉선수촌이나 링크장이 많은 서울을 중심으로 모여서 집약적으로 운동하는 한국과 달리 국가대표로 선발되어도 각자 살고 있는 지역에서 운동하다가 국제대회를 앞두고 공항에서 만나는 상황이다 보니 경기력이 크게 향상될 수가 없는 형편인 것이다. 그나마 한국과 가장 상황이 유사한 일본조차도 선수층이 너무 얇고 운동할 수 있는 링크를 대여하기가 쉽지 않아 실력을 향상하기엔 한계가 많다고 한다.

채치훈 코치는 인도네시아 대표팀 감독으로도 활동 중이다

　하지만 국내 빙상 인프라에도 문제는 있다. 빙질이 매우 좋은 북미나 유럽에 비해 국내 아이스링크의 빙질은 수준이 떨어진다. 채지훈 본인도 최근에야 국내 아이스링크의 빙질이 나쁜 이유가 수질 때문이었다는 걸 깨달았다고 한다. 생수를 얼려 사용하는 북미나 유럽과 달리 수돗물을 얼려 사용하는 국내 아이스링크의 빙질이 좋을 리 만무하다는 것이다. 뿐만 아니라 처음에 아이스링크를 설계할 때부터 선수들의 의견은 전혀 수렴하지 않은 채 시공자 임의대로 링크를 만들다 보니 선수들이 운동하고 경기하기 편한 것과는 거리가 먼 아이스링크를 만든다고 한다. 대한민국 빙상 인프라의 가장 큰 문제라고 할 수 있겠다.

2006-2007 시즌 미국 국가대표 감독을 역임했던 채지훈은 이후 ISU(국제빙상연맹)의 기술분과위원으로서 10년간 활동한다. 기술분과위원은 각종 국제대회에 심판을 배정하고 대회가 열릴 때 감독관으로 참여하여 심판들이 제대로 판정하는지 못하는지 평가하는 일을 한다. 또 ISU의 각종 규정을 변경할 때 의견을 제시할수 있다. 하지만 대한민국을 대표해서 그 자리에 들어간 것이 아니라 한 사람의 기술분과위원으로서 활동하는 것이기 때문에 대한민국이 쇼트트랙 국제대회 메달을 독식하는 것을 막기 위한 규정이 제정되어도 강하게 반대 의사를 나타낼 수 없는 한계가 있다.

당장 2017-2018 시즌부터 뒤 선수가 추월을 시도할 때 두 선수가 동일선상에 서면 앞 선수는 그를 가로막지 않고 자리를 비켜주는 것으로 규정이 바뀌었다. 중반 이후 레이스를 주도하는 대한민국 선수들에겐 매우 불리한 조항이지만 경기 위원 한 사람이 유럽과 북미의 다른 위원들의 주장을 물리치기는 어려웠다고 한다. 결국 대한민국 선수들에 불리하게 규정이 개정되어도 어쩔 수 없이 지켜만 봐야 하는 안타까움이 컸다. 게다가 기술분과위원을 계속하려면 여러 가지 제약이 많았다. 다른 직업을 가질 수도 없고, 사업을 하기도 힘들다든지 등 제약이 많다고 한다.

결국 2016년을 끝으로 ISU 기술분과위원직을 그만둔 채지훈은 한국으로 돌아와 수원에 있는 탑동 아이스하우스에서 어린이들에게 스케이팅을 가르치며 IST 아이쇼트트랙 팀 헤드코치로 활동하고 있다. 또 동남아시아에 쇼트트랙을 보급하는 일도 병행하고 있다. 2년에 한 번씩 열리는 동남아시아 게임에 쇼트트랙이 정식 종목으로 채택되면서 동남아시아 각국에서 쇼트트랙을 제대로 배우고자 하는 열망이 점점 커지고 있고, 그에 가장 알맞는 솔루션을 제공해 줄 수 있는 나라가 바로 대한민국이라고 한다. 초대 쇼트트랙 여왕인 전이경이 싱가포르 대표팀 감독이 되어서 선수들을 데리고 2017년 여름 대한민국에 전지훈련을 온 것도 바로 그러한 흐름의 일환이라고 할 수 있다.

채지훈도 인도네시아 대표팀을 맡아 훈련을 지도하고 있다. 채지훈이 이후 대한민국에 글로벌 스케이팅 트레이닝 센터를 짓겠다는 포부를 품은 것도 이러한 상황과 밀접한 연관이 있다. 인프라가 열악한 동남아시아 선수들을 위한 훈련 시설을 만들어 스케이팅 한류를 실현하겠다는 계획이다.

평창 올림픽 전망

다가올 평창 동계올림픽에 대한 채지훈의 전망은 낙관적이다. 여자부의 경우 에이스 두 선수가 워낙 잘하기 때문에 큰 이변이 없는 한 좋은 성적을 거둘 것이라고 본다.

남자부는 실력이 모자란 것은 아닌데 아직 경기를 이끌고 나갈 에이스가 나오지 않은 게 문제라고 본다. 결국은 전략의 문제이기에 코칭 스태프가 주도면밀하게 잘 준비해야 할 것이고, 기왕이면 여러 명의 선수들이 입상했으면 좋겠다고 한다.

최근 유럽 선수들이 두각을 나타내는 것에 대해선 한국의 기술, 특히 스케이트 날을 깎는 기술이 유출된 것이 크다며 옛날엔 우리 선수들이 눈으로 보고 대충 깎아도 좋은 성적이 났는데 지금은 무조건 게이지를 써야 하고, 로그, 벤딩, 템플릿을 어떻게 깎느냐에 따라서 레이스 전략이 나오는데, 한국 선수들의 비법이 유출되면서 유럽 선수들이 그 전략을 그대로 따라 하고 있다고 한다. 결국은 한국과 그 외 나라 선수들의 대결로 흘러갈 이번 올림픽, 그리고 향후 세계 쇼트트랙의 추세는 이러한 기술을 어떻게 개발하고 그에 따라 효율적인 전략을 짜낼 수 있느냐에 달려 있을 것이다.

🏅 그만의 성공 비결

1994년 겨울 신드롬에 가까운 열풍을 불러일으켰던 채지훈 선수지만 그 화려한 외모와 기량 속엔 엄청난 노력과 훈련이 숨어 있는 걸 모르는 사람들이 많았다. 초대 빙상 아이돌의 자리에 올랐지만 유명세를 즐기기보단 운동에 몰두하던 그는 선수 생활 은퇴 후에도 꾸준히 빙상 관련 일을 계속하며 전 세계적으로 쇼트트랙의 저변을 넓히는 데 이바지하고 있다. 쇼트트랙에 대한 한없는 애정과 레이스에 대한 치밀한 작전으로 대역전극을 펼치며 금메달을 따낸 그의 비결은 결국 상대방을 완벽하게 분석한 치밀함이라고 할 수 있다. 물론 승리를 갈구하며 해낼 수 있다는 자신감, 즉 위닝멘털리티도 그의 대역전승을 이끌어내는 비결 중 하나였다고 할 수 있을 것이다. 어쨌든 그는 여전히 특유의 치밀함과 세밀함을 바탕으로 쇼트트랙 사랑을 실천하며 보람찬 하루하루를 보내고 있다.

🗨 권 작가의 채지훈 선수 이야기

채지훈 선수가 약관 20살의 나이에 올림픽 금메달을 딸 때 나는 수능 시험을 앞둔 고3 수험생이었다. 저렇게 잘생기고 운동 신경도 뛰어난 사람이 좋은 대학교에 다니다니 세상은 너무 불공평하다고 원망했던 기억이 난다. 이후 필자는 대학에 입학했고 1997년 붉은 악마 회원으로서 서포터즈 활동을 하면서 대한민국의 대표적인 비인기 효자 종목인 쇼트트랙에도 지속적인 응원과 관심이 필요하다는 생각을 품었다.

이런 생각을 행동으로 옮기는 계기가 된 것이 바로 1998년 나가노 동계 올림픽이었고, 나가노 올림픽이 끝나자 당시 인터넷 대신 대한민국 네티즌들이 활동하던 기반인 4대 PC통신-하이텔, 나우누리, 천리안, 유니텔-의 쇼트트랙 관련 모임을 통합하여 발대식을 가졌다. 필자가 다니던 대학 강의실을 하나 빌려 칠판에 '쇼트트랙 국가대표 서포터즈 발대식'이라고 쓰고 시작한 당시 모임은 10여 명 내외의 회원이 참석하여 지금 생각하면 참 초라하고 민망하기 짝이 없는 모임이었으나, 채지훈 선수와 이호응 선수가 참석하여 자리를 빛내줬다. 어쩌면 그저 한 번에 그치는 일회성 모임이 될 수도 있었으나 두 선수가 참석하여 힘을 실어줌으로써 이후 그 모임은 대한민국 비인기종목 최초의 서포터즈인 '블루 히어로즈'로 발전하고 2003년까지 5년 이상 꾸준한 활동을 펼친 수 있었다.

그 후 채지훈 선수는 1999년 열렸던 블루 히어로즈와 선수단과의 만남에 한 번 더 참석했고, 필자와는 ISU 기술분과위원으로 국내에 왔을

20년 전 블루히어로즈 발대식

때 몇 번 인사한 게 다였는데, 얼마 전 인터뷰에선 10년 전이나, 20년 전이나 변함없는 모습으로 항상 쇼트트랙에 대한 애정과 열정을 보여주었다.

예전 팬들과 지금도 연락을 주고받는다고 하는 채지훈 선수는 쇼트트랙의 매력을 묻자 스케이트 날을 어떻게 가느냐에 따라 어떤 기술을 쓸 수 있는지 결정되며 이에 따라 수많은 조합이 나올 수 있고, 또한 경기 내에서 다양한 돌발 상황에 대한 대비를 해야 하는 종목이기에 동계 스포츠 중에 이만큼 흥미진진하고 가슴 뛰게 하는 종목도 드물다고 답한다.

은퇴한 지 20여 년의 세월이 지났어도 그는 여전히 빙상인이었고, 쇼트트랙을 사랑하고 있었다. 물론 경기에서의 패배를 통해 훨씬 더 성숙할 수 있었다고 말하는 어른이기도 했다. 그가 생각하는 쇼트트랙 한류가 대한민국 빙상의 또 다른 활력소가 되길 바라 마지않는다. 돌아온 아이돌 1세대 그룹 젝스키스가 20년의 세월을 뛰어넘어 많은 사랑을 받고 있는 것처럼, 돌아온 1세대 빙상 아이돌 채지훈도 좋은 성과를 거두길 기대한다.

전이경

과감성, 적극성

그녀는 매우 부지런하고 소탈한 성격으로 매사에 긍정적이고 능동적이며 적극적이다. 한마디로 여장부라고 할 수 있으며 요새 유행하는 말로 걸크러시의 면모를 보여 준다. 순간의 선택이 메달 색깔을 좌우하는 쇼트트랙 경기에서 그녀의 성격은 커다란 장점으로 작용했고 승부의 순간 과감한 스퍼트로 여러 차례 승리를 만들어내는 원동력이었다.

여제의 탄생

대한민국 시간으로 1994년 2월 23일 새벽, 릴레함메르 동계올림픽 쇼트트랙 경기가 열리는 하마르 올림픽 원형 경기장. 대한민국은 두 개의 금메달 획득에 도전하고 있었다. 남자 1,000m에 출전하는 선수 중에는 올림픽 2연패에 도전하는 김기훈 선수와 그의 후배이자 라이벌 채지훈 선수가 있었고, 사상 첫 금메달에 도전하는 3,000m 여자 계주팀이 있었다.

김기훈과 채지훈은 나란히 금메달과 은메달을 따내며 국민들의 기대에 부응했지만, 전원 10대의 여자 계주팀이 금메달을 딴 것은 기대 이상의 성과였다. 그 중심에는 초대 빙상여제 전이경(당시 18세, 배화여고)이 있었다. 전이경은 김소희(18, 정화여고), 원혜경(15, 신반포중), 김윤미(13, 정신여중)와 호흡을 맞춰 숙명의 라이벌 중국 여자 대표팀을 제치고 금메달을 따냈다.

당시만 해도 우리 여자 대표팀은 우승 후보가 아니었고 목표는 결승에 올라가서 동메달 정도를 따는 것이었다. 다만 선수들 개개인의 지구력이 있는 팀이니 마지막 상황에 따라 더 나은 성적도 기대해볼 정도의 실력이었다. 그리고 경기를 시작해 보니 예상대로 캐나다와 중국이 매우 앞서 나가고 대한민국은 3위를 달렸다. 그런데 갑자기 캐나다가 넘어지고 그 이후 중국이 체력이 급격히 떨어지는 바람에 상황은 급변했다. 1번 주자로 나선 전이경 선수는 바로 앞 주자인 김윤미 선수가 중국 선수를 제치고 선두에 올라선 채로 자신을 밀어주자 그 간격을 유지하며 2번 주자인 김소희 선수에게 넘겨주었고, 김소희 선수가 그대로 골인하여 감격적인 금메달을 안긴 것이다. 이는 이후 20년 넘게 지속되는 한국과 중국 여자 쇼트트랙의 라이벌 관계를 예고하는 듯한 장면이었다. 감격한 선수들은 태극기를 흔들며 링크를 돌았고, 관중석의 대한민국 응원단도 환호했다.

사실 이날 전이경 선수의 활약에는 중국팀의 숨은 도움이 있었다. 올림픽 개막을 3주 앞두고 갑작스러운 발목을 부상을 당한 전이경 선수는 왼쪽 발목이 부어서 스케이트를 신지 못할 정도였다. 후보 선수 김양희가 함께 갔고 실제로 계주 연습에 투입되었지만 호흡이 잘 맞지 않았다. 무엇보다 전이경 선수보다 체중이 많이 나가서 1번 주자를 밀어줘야 하는 김윤미 선수가 몹시 힘들어했다. 상황이 이런데도 전이경 선수의 상태가 호전되지 않아 모두 안타까워하고 있을 때 중국 대표팀의 주치의인 한의사가 전이경 선수를 불렀다. 무슨 일인가 궁금해 하며 찾아가니 그 한의사는 전이경 선수를 침상에 누이고 발에 삼지창 모양의 침을 놔주었다고 한다. 신기하게도 그 다음 날 바로 부기가 빠졌고, 전이경 선수는 경기에 출전할 수 있었다. 중국팀으로서는 적에게 호의를 베푼 게 큰 재앙으로 돌아온 셈이었지만, 한편으론 스포츠맨십이 빛난 선행이라고 할 수 있을 것이다.

부상에서 회복한 전이경 선수의 활약은 계속됐다. 여자 1,000m에 동갑내기이자 국내 라이벌인 김소희 선수와 함께 출전한 전이경 선수는 결승전까지 매우 힘든 과정을 거쳐서 가까스로 올라갔다. 어렵사리 올라간 결승전에서 가장 유력한 우승 후보는 캐나다의 나탈리 램버트였다. 그녀는 1993년 세계선수권에서 개인종합 우승을 차지한 31살의 노장이었다. 다른 세 명의 선수는 대한민국의 김소희, 중국의 양양 S와 장옌메이였다.

경기 초반 중국의 두 선수와 김소희 선수가 선두를 다투는 사이 캐나다의 램버트가 1위로 올라섰고, 전이경 선수는 5위로 처져 있었다. 김소희 선수가 바깥쪽으로 스퍼트하는 사이 전이경 선수가 인코스로 중국의 두 선수를 추월하며 3위로 올라섰다. 5바퀴를 남기고 램버트와 김소희, 전이경 순으로 순위 경쟁을 하다가 4바퀴를 지나면서 전이경 선수가 김소희 선수를 인코스로 추월하며 2위로 올라선다. 그리고 마지막 1바퀴를 남겨 놓고 직선주로에서 인코스로 램버트를 추월한 전이경 선수는 그대로 골인하여 2관왕에 오른다. 김소희 선수는 램버트 선수에 이어 3위로 골인하며 동메달을 딴다.

2년 전 출전한 알베르빌 올림픽에서 경험과 기량 부족을 드러내며 노메달에 그쳤던 대한민국 여자 대표팀은 금메달 2개, 동메달 1개를 수확하며 대번에 세계 여자 쇼트트랙 최강의 자리에 올라서고, 전이경 선수는 초대 빙상여제의 자리에 오르며 동계올림픽의 스타로 떠오른다.

올림픽을 통해 확실한 자신감을 얻은 전이경 선수는 이후 세계선수권 3연패를 차지하며 초대 빙상 여제의 자리를 굳건히 지킨다. 또한 1997-1998 쇼트트랙 월드컵이 최초로 열리면서 세계최초

전이경 선수와 안상미, 김윤미, 김소희, 원혜경 선수 등

쇼트트랙 월드컵 우승자로 이름을 남기기도 했다.

하지만 머지않아 새로운 라이벌이 떠오른다. 바로 전이경 선수에 이어 세계선수권을 6차례 연속 제패한 중국의 양양 A였다. 1997년 나가노 세계선수권 대회에서 전이경 선수와 공동우승을 한 양양 A 선수는 1년 후 1998년 나가노 동계올림픽에서 전이경 선수와 치열한 격전을 벌일 것을 예고한다.

올림픽 2연패와 2관왕, 전 종목 메달 획득의 위업

가깝고도 먼 나라 일본 나가노에서 벌어진 1998년 동계올림픽. 당시 대한민국은 IMF 구제 금융으로 온 나라가 실의에 빠져 있었다. 대한민국 국가대표 선수들 사이에선 올림픽 선전을 통해 국민들에게 희망을 전하자는 의지가 넘쳐흘렀다. 그 중심엔 역시 전이

경 선수가 있었다.

당시 전이경 선수는 4년 전 릴레함메르 올림픽 때와는 달리 최상의 컨디션이었다고 한다. 2관왕은 물론이고 3관왕도 노려볼 만한 몸 상태였다.

첫 번째 벌어진 여자 계주, 세 번째 주자로 나선 전이경 선수는 네 번째 주자인 원혜경 선수와 함께 호흡을 맞췄다. 첫 번째 주자는 안상미 선수, 두 번째 주자이자 마지막 주자는 4년 전 금메달을 따는 데 결정적인 수훈을 세운 김윤미 선수였다. 전이경 선수가 세 번째 주자, 원혜경 선수가 네 번째 주자였다. 보통 마지막 주자는 스피드가 좋은 선수 혹은 결정적인 상황에서 추월이 가능한 선수가 맡는다.

당시 한국 대표팀은 네 선수의 체격조건이 비슷하지가 않았기 때문에 안상미(스타트 빠르고 체격이 작음), 김윤미(스피드가 있고 체격이 작음), 전이경(체중이 가장 많이 나감), 원혜경(키가 가장 크고 체중이 그나마 전이경과 비슷)순으로 순번이 정해진 것이다. 릴레함메르 때도 전이경 선수는 가장 가벼운 선수에게 받아서 무거운 선수를 밀어주는 역할이었다, 그만큼 힘을 들어서 속도를 유지하거나 속도를 내야 하는 위치였다. 경기 막판까지 중국에 이어 2위로 달리던 대한민국 대표팀은 두 바퀴를 남겨 두고 승부수를 던진다. 첫 번째 주자인 안상미 선수가 김윤미 선수를 밀어줄 때 중국 선수의 인코스를 파고든 김윤미 선수가 선두로 올라선 것이다. 이후 김윤미 선수는 중국 선수의 집요한 추격을 뿌리치고 1등으로 골인하여 올림픽 2연패를 이뤄냈다. 우승을 일궈낸 김윤미 선수는 두 손을 맞잡으며 감격을 표했고, 이후 코칭스태프들에게 달려간 네 선수는 감격의 눈물을 흘리며 스승들에게 안겼다. 관중석에서는 조총련계의 재일교포들이 흔드는 인공기와 함께 응원단의 태극기가 휘날렸다.

숙적 중국 여자 대표팀과의 맞대결에서 승리한 여자 대표팀. 그 중심에 있었던 전이경 선수는 취약 종목인 500m에서도 행운의 동메달을 따냈다. 500m 준결승에서 탈락하여 파이널B에 출전한 전이경 선수는 끝까지 최선을 다해 파이널 B에서 1위를 차지하였는데, 파이널 A에 출전했던 선수 중 중국의 왕춘루 선수가 레이스를 포기하고, 캐나다의 이사벨 샤레스트 선수가 실격을 당하면서 파이널 B 우승자인 전이경 선수에게까지 동메달이 내려온 것이다. 역시 하늘은 전이경 선수의 노력을 저버리지 않았다. 행운의 동메달을 따낸 전이경 선수는 마지막 종목인 1,000m에 대한 전의를 불태운다.

그 맞은편엔 일생일대의 라이벌 양양 A가 있었다. 역시 컨디션이 좋았던 양양 A는 준준결승에서 세계신기록을 세우고 준결승에선 전이경 선수를 2위로 밀어내며 결승에 오를 정도로 뛰어난 실력을 보였다. 그때까지 올림픽에서 금메달을 따지 못한 중국 여자 쇼트트랙의 자존심을 회복하기 위해서도 양양 A는 굳은 마음으로 결승전에 나섰다.

여자 1,000m 결승전에 진출한 선수는 한국의 전이경, 원혜경,

중국의 양양 A와 양양 S로 양 국가의 최고 실력자가 모두 나와 숙명의 라이벌전다운 대진이었다. 경기 초반 탐색전에 이어 중국의 양양 S가 선두로 나서고 원혜경 선수가 2위, 양양 A가 3위, 전이경 선수가 4위로 달렸다. 그런데 4바퀴를 남겨두고서 양양 A가 원혜경 선수를 추월하여 2위로 올라서면서 긴장감이 고조된다. 자칫하면 중국 선수들에게 금메달과 은메달을 모두 내줄지도 모를 상황이 된 것이다. 쇼트트랙에서 같은 나라의 선수들이 레이스 중반 이후 1, 2위를 차지하고서 스피드를 올리기 시작하면 뒤의 선수들이 추월하기란 거의 불가능에 가깝다. 한 선수가 인코스를 막고, 다른 한 선수가 아웃코스를 막으면 뚫고 들어가기 매우 어렵기 때문이다.

그런데 이때까지 4위로 체력을 비축하고 있던 전이경 선수가 나선다. 2바퀴를 앞두고 스퍼트를 내기 시작해 마지막 바퀴의 종이 울리는 사이 곡선 주로에서 중국의 양양 S를 인코스로 제치고 2위로 올라선 전이경 선수는 마지막 바퀴에서 양양 A 선수와 동일 선상까지 올라선다. 그리고 그 상황에서 인코스만을 노리고 있던 전이경 선수는 발을 내밀며 결승선을 향한다.

당황한 중국의 양양 A 선수가 전이경 선수의 팔을 잡고 늘어지면서 전이경 선수는 미끄러지지만, 전이경 선수의 스케이트 날이 먼저 결승선을 통과했고 자신의 승리를 직감한 전이경 선수는 엉덩방아를 찧은 채로 두 손을 번쩍 들고 환호한다. 결국 양양 A 선수는 파울로 실격 처리되면서 은메달도 따지 못했고 4위로 들어왔던 원혜경 선수가 동메달을 얻었다. 전이경 선수는 릴레함메르에 이어 같은 종목에서 2관왕에 올랐을 뿐 아니라 500m에서도 동메달을 획득해 출전한 전 종목에서 메달을 획득하는 기록까지 세웠다. 지금까지 동계올림픽에서 4개의 금메달을 획득한 선수는 전이경 선수가 유일하며, 하계 올림픽에서는 진종오 선수와 김수녕 선수가 통산 4개의 금메달을 획득한 바 있다. 전이경 선수는 나가노 동계올림픽을 통해 대한민국 올림픽사에 뚜렷한 족적을 남긴 것이다.

쉼 없는 노력파. 끝없이 변신하고 도전

98년 세계선수권에서 개인종합 우승 4연패에 도전했던 전이경 선수는 라이벌 중국의 양양 A 선수에게 밀려 아쉽게도 2위에 그친다. 그리고 대표선발전 직전 웨이트 훈련 중 허리 부상을 당한다. 원래 척추분리증이 있는 데다가 부상까지 겹쳐 운동을 계속하기 쉽지 않은 상황이었다. 한국 나이로 25살이라는 어린 나이였고 주변의 만류가 대단했지만, 전이경 선수의 결심은 확고했다. 정상에 있을 때 은퇴하고 어릴 때부터 꿈꿔온 IOC 위원에 도전하기로 한 것이다.

1976년 팔삭둥이로 태어난 전이경 선수는 1.7kg의 미숙아였다. 몸이 약해 병원을 수시로 드나들다가 건강해지기 위해 5세부터 수영, 7살 때부터 피겨 스케이팅을 시작했고. 초등학교 5학년 때엔 쇼트트랙으로 전향했다. 그런데 얼마나 적성에 잘 맞았는지 고작 1년 만인 초등학교 6학년 때인 1988년에 국가대표 선수가 되는 기록을 세운다. 하지만 중학교 2학년 때 허리가 계속 아파 병원에 갔다가 척추분리증이 있다는 사실을 알게 되었다. 수술이 아니면 고칠 수 없고 수술을 하면 선수생활은 힘들다는 의사의 소견도 들었다. 쇼트트랙 선수 중엔 고질적인 허리 부상으로 고생하는 선수가 많다. 아무래도 계속 허리를 굽힌 채로 달려야 하는 운동이기 때문에 그럴 것이다. 어쨌든 다행히도 전이경 선수는 물리치료와 보강 운동으로 부상을 극복해 냈다.

사실 전이경 선수는 타고난 운동선수가 아니었다고 한다. 다른 세계 정상급 선수들에 비해 순발력이 좀 처지는 수준이었다. 하지만 악바리 정신으로 끝없이 훈련하여 본인의 약점을 극복하고 세계 정상의 자리에 오를 수 있었다.

은퇴 후에도 마찬가지이다. 그녀는 비록 국제올림픽위원회 선수위원에 입후보해서 탈락했지만 자크 로게 IOC 위원장의 추천을 받아 선수분과위원으로 활동했다. 이후 2003년 한국여자프로골프협회 준회원 자격을 땄고, 2005년에는 아이스하키 국가대표 선수로 선발되기도 했다. 2007년엔 평창 동계올림픽 유치 위원회 홍보대사로 위촉되어 최선을 다했지만 안타깝게 소치에 밀려 실패하면서 눈물을 흘렸다. 이렇게 끊임없이 도전하고 변신해 온 전이경 선수는 2010년 5월 화촉을 밝혔고, 결혼 이후 부산에 거주하며 부산빙상경기연맹 부회장을 맡아 후진 양성에 힘쓰다가 자녀 교육 문제로 싱가포르로 이주한다. 그리고 그곳에서 싱가포르 빙상협회의 요청으로 싱가포르 국가대표팀의 감독으로 부임한다.

1   싱가포르 선수들과 함께
2   지상훈련을 지도 중인 전이경 코치

여름이 계속되는 동남아 지역인 만큼 그곳에서 동계 스포츠를 한다는 것은 많은 어려움이 뒤따른다. 국제규격을 갖춘 아이스링크는 단 한 곳이고, 그나마 그곳에서 훈련하기 위해서는 시간당 100만 원 이상의 대관료를 내야 할 정도이다. 몇 안 되는 국가대표 선수도 대한민국의 기준으로 보면 초등학교 고학년 수준이라고 한다. 그렇게 열악한 상황에서 그녀는 이제 선수가 아닌 감독으로서 최선을 다하며 고군분투하고 있다.

어느새 동계 스포츠 강국이 된 우리에겐 우습게 보일 수도 있지만 동남아시아 대회의 열기는 상상을 초월한다. 동남아시아 각국은 자존심을 걸고 각 종목에서 자웅을 겨룬다. 동남아시아 대회는 이전까지는 하계 종목만 있었는데 이번에 처음으로 동계 종목이 추가되었고 그중 쇼트트랙은 메달 전망이 높아 육성 종목 중의 하나로 인정받아 각국에서 집중 육성하는 종목 중 하나라고 한다. 전이경 감독은 동남아시아에서 쇼트트랙 한류를 전파하는 전도사가 된 셈이다.

전이경 감독의 도전이 어떤 성과를 거둘지는 알 수 없다. 동남아판 '쿨 러닝'이란 말이 나올 정도니 매우 어려운 도전임은 분명하다. 하지만 이미 그녀가 지도하는 싱가포르의 샤이넨 고 선수가 평창 올림픽 여자 1,500m 출전권을 획득했다. 전이경 감독은 이번에는 정말 운이 좋아서 가능했지만 이번 성과가 앞으로 싱가포르뿐만 아니라 동남아시아의 쇼트트랙선수들에게 많은 영향을 줄 것을 확신한다. 지금까지 한 번도 동계올림픽에 출전한 적이 없던 싱가포르로서는 국가적인 경사인 셈이다. 항상 불가능에 도전해온 그녀. 그녀의 도전은 여전히 계속된다.

🏅 **그 만 의 성 공 비 결**

전이경 선수는 타고난 운동 선수는 아니었다. 하지만 척추 분리증이라는 고질병을 무릅쓰고 힘겨운 훈련을 꿋꿋이 참아내며 실력과 체력을 길렀고, 실전에선 적극적으로 승부에 임했다. 결국 그 자세가 역대 개인 최다 획득 기록인 금메달 4개를 낳았다고 볼 수 있다. 그녀는 매우 부지런하고 소탈한 성격으로 만사에 긍정적이고 능동적이며 적극적이다. 한마디로 여장부라고 할 수 있으며 요새 유행하는 말로 걸크러시의 면모를 보여준다. 순간의 선택이 메달 색깔을 좌우하는 쇼트트랙 경기에서 그녀의 성격은 커다란 장점으로 작용했고 승부의 순간 과감한 스퍼트로 여러 차례 승리를 만들어내는 원동력이었다. 앞으로도 그녀는 많은 도전을 하며 살아갈 것이고 많은 이들에게 긍정적인 영향을 끼칠 것이다.

👥 권 작가와 전이경 감독의 인연

우선 전이경 감독과 나는 같은 해에 태어난 76년생, 용띠다. 같은 나이인데도 훨씬 용감하고 야무진 그녀의 위업에 부러움이 없었다면 거짓말일 것이다. 그러니까 어린 시절엔 동갑내기에게만 느끼는 콤플렉스 비슷한 감정이 있다. 특히 1994년 릴레함메르 동계올림픽 때 그런 유치한 감정을 느꼈다. '저 친구는 나랑 같은 나이인데 벌써 세계를 제패했는데… 난 뭐지?'라는 부러움과 스스로에 대한 한심함을 느꼈다.

그 후 1998년 블루 히어로즈를 만들고, 1999년 전현직 쇼트트랙 국가대표 선수들을 총망라해서 초청한 적이 있었다. 그때 처음이자 마지막으로 사석에서 전이경 감독을 만났다. 전이경 감독은 대스타답지 않게 매우 소탈하고 털털한 성격이었다.

전이경 감독은 정말 다양한 분야에서 많은 도전을 했다. 그 도전이 모두 성공한 것은 아니지만 도전만으로도 의미 있는 것들이었다. 이제 그녀는 또 다른 불가능한 도전을 시작했다. 성공이 매우 어려운 도전이지만 오랫동안 지켜본 동갑내기로서 선전을 응원하고 싶다. God save Queen! 빙상의 신이 여왕을 보호해 주실 것이다.

엄 코치와 전이경 감독의 인연

전이경 감독과의 첫 만남은 쇼트트랙 시합이 있던 한 빙상장에서이다. 태권도 시합장에서 만난 코치님의 소개로 나는 쇼트트랙 선수들의 재활트레이닝을 맡았다. 당시 선수들은 팀마다 배정받은 락커룸에서 유니폼을 갈아입거나 스트레칭을 하면서 시합을 준비했다.

시합 중 넘어지면서 다친 선수의 응급처치와 테이핑을 하고 있는 나에게 카랑카랑한 목소리가 들려왔다. 그 목소리에 시선을 돌리니 당찬 목소리로 어린 선수들의 자세를 꼼꼼하게 지도하고 있는 한 지도자가 눈에 들어왔다. 국가대표로 TV에서만 보던 전이경 선수였다. 선수 시절 부상으로 잦은 고생을 했기에 스트레칭을 자세하게 지도하고 있었던 것이다. 그런 전이경 감독의 모습에서 프로의 자세를 봤다.

그렇게 쇼트트랙 경기장에서 몇 번의 스쳐 지나가는 인사가 있었고, 그

다음 만난 것은 아이스하키 선수로 변신했을 때였다. 선수들을 리드하며 땀 흘리는 그녀의 모습에 정말 감탄사가 절로 나왔다. 쇼트트랙 선수에서 지도자로 그리고 아이스하키 선수로 뛰던 그녀는 이제 싱가포르 대표팀의 감독으로 변신했다. 작은 인연이지만 나는 그녀의 소식을 들으며 항상 교훈을 얻는다. 자신의 선택한 길에서 최선을 다하는 그녀에게 항상 멋진 일만 가득하기를 기원한다.

안상미

준비성

선수 시절이든 해설위원 시절이든 항상 성실하고 꼼꼼하게 준비하면서도 기회가 오면 자신의 역할을 120% 이상 해내는 그녀였기에 대한민국을 대표하는 쇼트트랙 해설가가 된 것이 전혀 놀랍지 않다. 그녀를 보며 우리는 하늘이 준비된 자에게만 기회를 허락한다는 평범한 진리를 다시 한번 확인하며 준비의 중요성을 되새길 수 있다.

인기 스포츠엔 그 스포츠를 대표하는 인기 해설가가 있죠. 우리나라 양대 인기 스포츠 중 하나인 야구엔 허구연 씨와 고(故) 하일성 씨 등의 대표 해설가가 있었고, 축구에는 신문선 씨와 차범근 감독 등의 해설가들이 큰 인기를 끌며 많은 유행어도 남긴 바 있다. 하지만 상대적으로 관심도가 떨어지는 동계 종목의 경우 해당 스포츠의 경기 단체 관계자나 은퇴 선수, 코치 등이 단발성으로 해설하는 경우가 많았다. 다만 쇼트트랙의 경우 금메달리스트 출신 스타들이 많은 만큼 4년에 한 번 찾아오는 올림픽 때마다 국민들에게 널리 알려진 스타들을 해설자로 모시는 게 관례처럼 됐다. 특히 앞에서 대한민국 동계올림픽의 영웅으로 소개한 김기훈, 전이경, 채지훈 선수가 단골 중 단골이었다.

그런데 지난 2014 소치 올림픽에서는 조금 색다른 일이 벌어졌다. 일반인들에게 상대적으로 덜 알려진 안상미 해설위원이 SBS에서, 김소희 해설위원이 MBC에서 해설을 한 것이다. 김소희 해설위원은 94년 릴레함메르 올림픽 계주 금메달, 1,000m 동메달리스트이고, 안상미 해설위원은 98나가노 동계올림픽 계주 금메달리스트로 상대적으로 지명도가 낮았다.

결론만 놓고 보면 안상미 해설위원의 해설은 크게 호평을 받으며 높은 시청률을 올렸다. 아마도 10년 넘게 쇼트트랙 월드컵과 세계선수권을 중계해 오며 쌓아온 전문성과 오랫동안 관심을 가지고 친분을 쌓아온 선수들에 대한 애정이 묻어나는 해설이 시청자들의 마음을 움직인 것이 아닐까? 이번에 소개할 대한민국 동계올림픽의 영웅은 바로 대한민국 쇼트트랙 해설의 전설, 안상미 해설위원이다.

빙판의 똑순이, 올림픽 계주 2연패를 일궈내다

안상미 해설위원은 초등학교 3학년 때 선생님의 추천으로 쇼트트랙을 시작했다. 그리고 딱 6년 후, 중학교 3년인 1994년 6월에 처음 국가대표가 됐다. 같은 해 12월 국가대표 선발전에선 5위를 해 예비 멤버로 뽑힌 것이다. 하지만 선발전 순위가 낮았기 때문에 다른 선수들의 경기를 지켜만 봐야 했던 그녀는 1995년 4월 세계 팀선수권대회에서 처음으로 국제무대를 밟았고, 500m에서 조 1위를 했다.

그리고 1995년 10월에 열린 국가대표 선발전에서는 쟁쟁한 선배들을 제치고 종합 1위를 차지하며 주변을 깜짝 놀라게 했다. 이후 1995년 10월에 열린 챌린저컵(지금의 월드컵) 대회에서도 개인종합 우승을 차지하며 대한민국 쇼트트랙 국가대표 선수로 자리 잡아갔다. 1996년 하얼빈 동계아시안게임 3,000m 계주 은메달을 시작으로, 1997년 세계주니어선수권대회 개인종합 우승에 이어 마침내 나가노 동계올림픽에 대한민국 국가대표로 참가할 수 있는 자격을 얻었다. 155cm의 작은 키로 국가대표 선수로서 얼마나 버틸 수 있겠느냐는 주변의 우려와는 달리 7년 동안 국가대표 선수로 활약하며 본인의 자리를 지켜낸 안상미 선수였다.

단신으로 세계 강호들과 당당히 경쟁하는 안상미 선수

　나가노 동계올림픽 당시 올림픽 2연패에 도전하는 여자 계주팀의 고민은 첫 번째 주자로 누구를 내세우냐는 것이었다. 1994년 첫 올림픽 금메달을 일궈낸 전이경, 김윤미, 원혜경 세 선수를 출전시키는 것은 이미 정해진 바였지만, 나머지 한 명을 누구로 하느냐가 문제였다. 스타트가 빠른 최민경 선수와 지구력과 코너 워크, 경기 운영 능력이 좋은 안상미 선수를 놓고 고민하던 전명규 감독은 안상미 선수의 경험을 높이 사 그녀를 첫 번째 주자로 내정했다.

　몇 번 언급했지만 계주에서 첫 번째 주자와 두 번째 주자의 중요성은 몇 번을 강조해도 지나치지 않다. 계주에서 승부의 향방은 마지막에 한 번씩 더 뛰는 첫 번째 주자와 두 번째 주자가 어떻게

나가노 올림픽 100일을 앞두고 찍은 사진

뛰느냐에 달려 있다고 해도 과언이 아니기 때문이다.

당초 예상대로 여자 계주 결승전은 중국과 대한민국의 맞대결로 흘러갔다. 마지막까지 치열한 경쟁을 벌이던 두 나라의 차이가 결승선을 두 바퀴 남기고 2~3m 정도로 벌어지며 중국이 조금 더 앞서갔다. 마지막 주자인 김윤미 선수에게 터치를 하기 전 안상미 선수는 승부수를 띄웠다. 바깥쪽으로 크게 돌며 아웃코스로 치고 나가는 척하다가 중국 선수의 안쪽을 파고든 것이다. 중국과 한국의 순위가 뒤바뀌는 순간이었다. 그리고 안상미 선수의 자신을 기다리고 있는 마지막 주자 김윤미 선수를 힘껏 밀며 터치했

나가노 올림픽 멤버들과 함께 96년도에 찍은 사진

다. 안상미 선수의 기세를 물려받은 김윤미 선수는 이후 순위를 내주지 않고 마지막까지 힘차게 질주하여 1등으로 결승선을 통과했다. 1994년 릴레함메르 올림픽에 이어 여자 계주팀이 올림픽 2연패에 성공하는 순간이었다.

이후 안상미 선수는 전이경 선수의 은퇴로 대표팀의 맏언니가 되어 1999년 강원 동계아시안 게임 계주 금메달을 이끌어 내고 2000년 세계선수권 3,000m 슈퍼파이널에서 우승하며 개인종합 2위에 올랐다. 당시 세계 최고의 스케이터로 군림하던 양양 A에 이어 개인 최고 성적을 거둔 것이다. 하지만 선수로서 최고의 순간에 안상미 선수는 은퇴를 결정한다. 후배들에게 길을 열어 주기 위해 2002년 솔트레이크 동계올림픽을 단 1년 앞두고 2001년 동계유니버시아드 대회를 끝으로 선수 생활을 정리했다. 아쉬움이 남을 만도 했지만 최선을 다해 7년이나 국가대표 선수 생활을 했기에 후회는 없었다고 했다.

선수 은퇴 이후, 해설위원과 심판, 주부로 1인 다역

은퇴 후 1년간의 대학생활을 거쳐 안상미 해설위원은 대구광역시체육회에 입사한다. 체육회에 들어가려고 계획했던 것은 아니지만 우연히 모집공고를 보고 지원했고 여러 자격증을 보유한 것과 국가대표 출신으로 금메달을 딴 것이 도움이 되어 최종 합격하였다. 입사 후 회계 쪽 업무를 담당했던 안상미 위원은 임용고시 공부도 병행하며 선수 시절과 다름없는 똑순이의 면모를 보였다. 그리고 2003년 쇼트트랙 세계선수권대회에서 해설위원으로까지 데뷔하며 1인 2역을 담당했다.

처음에는 많이 긴장하고 떨어서 어떻게 방송을 한지도 몰랐다고 했지만, 해를 거듭해 가면서 경험이 쌓이고 외국 선수들에 대한 공부도 열심히 해서 점차 해설가로서의 입지를 다질 수 있었다. 특히 2011년 평창 동계올림픽 유치가 결정되고서는 ISU 빙상 패키지 계약을 맺고 있는 SBS에서 월드컵 시리즈도 전 경기 생중계를 하기로 결정하면서 세계선수권 중계만 하던 안상미 해설위원

1   소치 올림픽 계주 시상식 직후 계주 멤버들과 한 컷
2   전국을 돌며 진로교육 강사로 활동 중인 안상미 위원

성황 봉송을 앞두고 성화 모형을 들고 한 컷 찍은 안상미 위원

이 거의 모든 월드컵 대회를 중계하게 되었다. 이를 통해 안상미 해설위원은 쇼트트랙 전문 해설가로 경험과 인지도를 쌓았다. 그리고 소치 올림픽에서 감동적인 해설을 함으로써 많은 국민들에게 선수 시절보다 더 큰 반향을 일으켰다. 안상미 해설위원의 애정이 섞인 해설, 진심 어린 눈물과 샤우팅이 전 국민의 가슴에 울렸던 것이다.

하지만 2017년 세계선수권대회 중계를 마지막으로 안상미 해설위원은 SBS에서 더 이상 방송을 하지 않게 됐다. 총 14년간 함께했던 SBS와의 인연을 마감하며 안상미 해설위원은 자신의 SNS에 "함께하지 못하겠다는 통보를 받고 화도 나고 많이 속상했지만 마음을 내려놓고 보니 지금은 많이 편해졌습니다. … 해설을 하며 선수들과 함께 긴장하고 호흡하며 경기를 보는 것이 정말 재밌고 좋았습니다. 앞으로 SBS에서 제 목소리를 들을 순 없겠지만 전 여전히 쇼트트랙을 사랑하고 우리 선수들을 응원하며 지금과 다름없이 살아갈 겁니다."라고 글을 남겼다.

자신의 말대로 안상미 해설위원은 여전히 쇼트트랙을 사랑하고 선수들을 응원하며 살아가고 있다. 트위터와 블로그를 통해 쇼트트랙 소식을 전하고, 쇼트트랙 대회 심판으로 나서며, 지난 월드컵 4차 대회에서는 장내 아나운서로 쇼트트랙 경기를 관람하러 온 관중들에게 큰 재미를 선사하는 등 여전히 바쁘고 보람찬 하루하루를 보내고 있다. 현재는 대한체육회의 '찾아가는 운동선수 진로교육' 전문강사와 '인권교육' 전문강사로 활동하며 후배 운동선수들의 교육환경 개선에도 힘을 쏟고 있다. 또한 예쁜 딸과 아들을 키우는 엄마이자 주부로서의 삶도 소홀히 하지 않고 있다. 이번 평창 올림픽을 앞두고는 고향인 대구에서 성화봉송을 하고 MBC의 쇼트트랙 해설위원이 된 안상미 해설위원. 앞으로 또 어떤 도전을 할지 알 수 없지만, 빙판의 똑순이란 별명 그대로 안상미 해설위원은 야무지고 슬기롭게 삶을 살아갈 것이다. 그녀가 시작한 제3의 출발을 응원한다.

🏅 그 만 의 성 공 비 결

안상미 위원은 화려하진 않지만, 꾸준히 자신의 역할을 묵묵히 수행해 왔고, 그런 점이 어필하여 나가노 동계올림픽 계주 멤버와 2014 소치 올림픽 중계라는 두 번의 큰 기회를 얻었다고 할 수 있다. 물론 준비가 안 되어 있으면 그런 기회가 와도 놓치는 것은 물론이고 기회 자체를 받지 못할 가능성이 훨씬 높다. 선수 시절이든 해설위원 시절이든 항상 성실하고 꼼꼼하게 준비하면서도 기회가 오면 자신의 역할을 120% 이상 해내는 그녀였기에 대한민국을 대표하는 쇼트트랙 해설가가 된 것이 전혀 놀랍지 않다. 우리는 하늘이 준비된 자에게만 기회를 허락한다는 평범한 진리를 다시 한번 확인하며 준비의 중요성을 되새길 수 있다.

💬 권 작가와 안상미 위원의 인연

안상미 위원은 블루 히어로즈 시절부터 나를 참 많이 도와줬다. 팬들과

99년 태릉선수촌 방문 때 한 컷. 맨 왼쪽이 안상미 위원이다

의 만남이나 태릉선수촌 방문 때 우리가 연락한 건 안상미 위원이었고, 98년 여름 MT 때도 함께 갔던 걸로 기억한다. 선수 은퇴 후 한동안 연락이 끊어졌지만, 방송을 통해 그녀의 모습을 접할 때면 항상 응원하고 그녀의 해설과 글을 통해 많은 것을 배웠다. 이번에 이 책을 내는 데도 안상미 위원의 도움이 있었다. 은퇴한 선수들의 동향을 알려주거나 연결해 줘서 보다 쉽게 원고를 작성할 수 있었다. 뿐만 아니라 SNS를 통해 접하는 그녀의 일상 소식은 노총각인 나에게는 부러움과 감탄의 대상일 정도로 행복하고 단란해 보인다. 앞으로도 이렇게 행복하고 즐거운 모습만 많이 볼 수 있길 바란다. 또 쇼트트랙을 통해서도 자주 볼 수 있기를 기원한다.

👥 엄 코치와 안상미 위원의 인연

엄 코치가 2002년 대구 계명대학교에서 스포츠테이핑 강의를 할 때 안상미 위원이 학생으로 수업을 들어왔다. 그때까지만 해도 주로 태권도와 하계 종목을 담당하고 있던 나에게 TV로만 보던 안상미 선수가 학생으로 들어온 것은 신기한 일이었다. 순수한 미소에 적극적으로 수업에 임하였던 그녀의 모습이 인상적이었다. 특히 운동 중 다리의 피로회복을 할 수 있는 테이핑 방법이 있냐고 적극적으로 물어보는 모습에 이렇게 열심히 노력하는 선수가 오랫동안 세계 정상의 자리를 지켜주기를 기대했다. 그렇게 2년간의 계명대학교 강의를 마치고 안상미 위원을 다시 만난 것은 경기장에서였다.

좀 더 오랫동안 선수로 뛰는 모습을 기대했지만, 그녀는 어느덧 선수들을 위해서 일하고 있었다. 경기장에서 만난 그녀는 대학에서 수업시간에 만날 때처럼 열정적이었고 당찬 목소리로 선수들의 훈련 시스템에 변화가 필요함을 언급했다.

이제는 국가대표팀 코치들의 지도 시스템이 개개인 선수들의 경기력을 향상시킬 수 있도록 많이 개선됐다고 한다. 또한 재활트레이너도 남, 여 1명씩 배치가 되었다. 그런 그녀의 노력과 관심에 힘입어 쇼트트랙의 저변이 확대되고, 후배 선수들의 훈련 환경이 너 좋아지기를 바란다.

김동성

천재성

타고난 운동 신경과 신체 조건, 한 번 마음을 먹으면 끝장을 보고야 말겠다는 강단 있는 성격까지 운동 선수로서는 최적의 하드웨어와 소프트웨어를 타고난 선수가 김동성 선수였다. 그리고 승부의 순간 강한 정신력으로 기필코 승리를 따내는 승리 DNA까지 장착한 그는 천상 승부사이다.

역대 쇼트트랙 선수 중에, 아니 스포츠 선수 중에 김동성 선수처럼 단기간 전 국민적인 관심을 불러일으킨 선수가 또 있을까? IMF 직후 열린 1998년 나가노 올림픽 1,000m 결승전에서 날 들이밀기로 딴 금메달부터 4년 후 2002년 솔트레이크 올림픽 1,500m에서 미국 안톤 오노 선수의 할리우드 액션으로 빼앗긴 금메달로 일어난 전 국민적인 반미 감정과 세계선수권에서의 분노의 질주까지. 그 4년간 김동성 선수는 대한민국 전 국민의 가장 큰 관심을 받은 스포츠 스타였다.

나가노의 영광

김동성 선수는 초등학교 2학년 때부터 스케이트를 탔다. 어려서부터 그는 수영, 스키 등 다양한 운동을 했는데 그중 초등학생들이 스케이트를 타는 모습을 보고서는 재미있겠다는 생각이 들어 어머니를 졸라 스케이트를 시작했다고 한다. 천부적인 재능으로 각종 국내 대회에서 150여 개의 메달을 따낸 김동성 선수는 96년 국가대표 선수가 됐고 97년 세계선수권을 우승하며 전 세계 쇼트트랙계를 경악시켰다.

하지만 1997년 4월 태릉 아이스링크에서 벌어진 쇼트트랙 종합선수권 대회에서 아들이 2관왕을 차지하는 모습을 지켜보고 감격에 겨워 오솔길을 내려오던 김동성 선수의 아버지가 갑작스러운 심근경색으로 세상을 떠나시면서 김동성 선수는 큰 타격을 받는다. 심리적인 충격도 충격이지만 당장 가세가 기울어 스케이트 장비를 구입하는 것도 쉽지 않을 정도였다. 하지만 김동성 선수는 어려움을 딛고 일어나 아버지의 영전 앞에서 굳은 맹세를 했다. 그 것은 바로 1년 후 열리는 나가노 올림픽에서 금메달을 따서 바치겠 다는 맹세였다.

그리고 1년 후 나가노 올림픽 쇼트트랙 남자 1,000m 결승전에 오른 김동성 선수는 아버지의 영전에서 한 약속을 지킨다. 마지막 바퀴까지 중국의 리지아준과 캐나다의 에릭 버다드 선수를 추월 하지 못하고 3위에 처져 있었지만 직선주로에서 인코스로 에릭 버 다드 선수를 따돌리고, 이어 마지막 코너에서 아웃코스로 빠져 나 가며 중국의 리지아준과 동일 선상에 올라선 김동성 선수는 비장 의 발 내밀기로 역전하는 데 성공한다. 김기훈 선수의 2연패에 이 어 세 번째로 같은 종목인 1,000m에서 우승했을 뿐만 아니라 나가 노 동계올림픽에 출전한 대한민국 선수단에 안겨준 첫 번째 금메 달이었다. 또한 1994년부터 겪고 있던 고질적인 무릎 부상을 이겨 내고 얻은 금메달이기에 더욱 의미가 깊었을 뿐더러 IMF로 고통 받던 국민들에게 보낸 희망의 메시지이기도 했다. 극적인 대역전승 으로 국민들에게 눈앞에 닥친 국난을 이겨낼 수 있다는 희망을 던 져준 것이다.

이후 김동성 선수는 엄청난 스타덤에 올라 극성팬들에게 시달 리는 처지가 됐다. 대표팀 선배였던 채지훈 선수가 겪었던 유명세 를 고스란히 겪으며 아이돌 스타와 같은 대접을 받았다. 그의 빼

나가노 올림픽 100일 전 쇼트트랙 대표팀

어난 스케이팅 실력뿐 아니라 잘생긴 외모와 거침없는 입담은 수
많은 팬을 낳았다. 귀국 당시 몰려든 소녀팬들 때문에 경찰의 호위
까지 받으며 겨우 공항을 빠져나왔고, 집으로 쇄도하는 팬레터와
전화 등으로 가족들이 몸살을 앓을 지경이었다.

솔트레이크의 좌절로 국민 영웅이 되다

그로부터 4년 후 벌어진 솔트레이크 올림픽에서 김동성 선수는
지옥과 천당을 오갔다. 대회 전 맹훈련으로 최상의 몸 상태를 만
든 김동성 선수는 내심 4관왕을 기대할 정도로 컨디션이 좋았다.
하지만 개최국인 미국의 스타 안톤 오노와 4년 전 김동성 선수에

게 금메달을 빼앗긴 중국의 리지아준이 김동성 선수의 금메달 획득을 가로막았다.

　1,000m 준결승에서 김동성 선수는 압도적인 기량으로 선두를 질주했으나 뒤쫓아오던 라이벌 중국 리지아준에게 반칙을 당하며 어이없게 탈락했다. 심판의 실격 판정을 기다렸지만 끝내 파울 판정은 나오지 않았고 김동성 선수는 이를 악물고 새롭게 올림픽 정식 종목으로 추가된 1,500m를 준비할 수밖에 없었다.

　파죽지세로 1,500m 결승에 오른 김동성 선수는 6바퀴를 남겨놓고 앞으로 나섰다. 그리고 마지막 바퀴에서 2위로 올라선 미국의 안톤 오노에게도 자리를 내주지 않으며 끝까지 질주했다. 리지아준에게 당한 반칙으로 결승에도 못 올라간 1,000m의 전철을 밟지 않으려는 생각에서 나온 레이스 운영이었다. 하지만 자국의 영웅인 안톤 오노가 2위로 들어오자 수많은 미국 관중들은 거센 야유를 퍼부었고, 김동성 선수가 태극기를 들고 링크를 도는 와중에 호주의 휴이시 주심이 진로방해로 그의 실격을 선언한다. 너무나 어이없는 실격이었다. 생중계로 이 광경을 지켜본 대한민국 국민들은 모두 분노했고, 이 사건은 반미 감정에 불을 붙인 도화선이 되었다. 아무리 미국이 세계 초강대국이라고 하지만 어처구니없는 편파판정으로 우리의 금메달을 강탈해갈 수 있느냐는 여론이 들끓으면서 반미감정은 최고조에 달했다.

　같은 해 6월에 열린 2002년 한일 월드컵 조별예선 2차전 대한민국과 미국의 경기에서 동점골을 넣은 안정환 선수가 이 사건을 재현하는 골 세리머니를 하면서 뜨거웠던 여론이 조금씩 식기 시작했지만 한동안 안톤 오노가 대한민국 입국 시 보드가드를 요청할 정도로 금메달 강탈의 후유증은 오래갔다.

이어진 500m에서도 메달을 따지 못한 김동성 선수는 결국 빈손으로 귀국했고, 자타공인 쇼트트랙 최강국인 대한민국의 남자대표팀은 올림픽 출전 이후 처음으로 메달을 하나도 따지 못하는 수모를 겪었다. 하지만 김동성 선수에게 쏟아진 관심과 찬사는 나가노 때와는 비교도 안 될 정도로 뜨겁고 거셌다. 4년 만에 김동성 선수는 또다시 국민 영웅이 된 것이다. 하지만 다가올 세계선수권에서의 명예 회복을 위해 김동성 선수는 일체의 행사에 참여하지 않고 스케이트 날을 갈았다. 그리고 마침내 4월, 캐나다 몬트리올에서 벌어진 세계선수권에서 김동성 선수는 분노의 질주로 전 종목을 휩쓸어 버렸다. 500m, 1,000m, 1,500m, 3,000m를 모두 우승하여 개인종합 136점의 만점을 얻었을 뿐 아니라 5,000m 계주까지 우승하며 세계선수권대회 남자부에선 전무후무한 전관왕에 올랐다. 1980년 쇼트트랙 세계선수권 대회가 시작한 이후 전관왕은 1983년 캐나다의 실비에 다이그리 선수가 여자부에서 우승한 것이 유일했다. 남자부의 경우 김동성 선수의 선배인 김기훈 선수가 남자 계주를 빼고서 개인종목을 모두 우승한 것이 김동성 선수의 기록에 가장 근접한 기록이었다. 김동성 선수는 이렇게 앞으로도 깨지기 힘든 대기록을 세운 것이다.

1   미국 시절 제자들과 함께(출처 본인 인스타그램)

2   삿포로 아시안게임 해설을 준비 중인 김동성 위원
    (출처 본인 인스타그램)

아쉬운 선수 생활 은퇴 이후

2002년 세계선수권 우승 이후 '김동성 신드롬'이라고 할 정도로 엄청난 관심과 응원을 받은 김동성 선수는 고질적인 무릎 부상 때문에 선수 생활을 잠시 쉬며 재활에 힘쓴다. 하지만 전성기의 기량을 회복하지는 못하고, 2005년 선수 생활을 은퇴한다. 당시 그의 무릎 연골은 닳아 없어진 상태였다고 한다.

은퇴 이후 미국으로 건너간 김동성 선수, 아니 김동성 코치는 스케이트 클럽 임원들의 이권 다툼 속에 학생들을 폭행했다는 누명을 쓰고 미국빙상연맹으로부터 미국에서 코치자격 6년 정지를 받아 2012년 한국으로 돌아온다.

이후 현재 김동성 코치는 쇼트트랙 선수와 초보자를 가르치고 다양한 강연현장에서 '동기부여', '도전정신', '열정'에 대한 강연을 하고 있다. 한때 이혼 위기까지 갔던 부인과도 관계를 회복하여 함께 새벽기도를 다니면서 돈독한 사이를 유지하고 있다고 한다. 수많은 역경을 이겨 내고 다시금 지도자로, 강연자로 제2의 인생을 살고 있는 김동성 코치. 그는 쇼트트랙에 국민적인 관심을 불러일으킨 선수로 영원히 기억될 것이다.

김동성 선수처럼 운동 천재라는 말이 잘 어울리는 선수도 없을 것이다. 타고난 운동 신경과 신체 조건, 한 번 마음을 먹으면 끝장을 보고야 말겠다는 강단 있는 성격까지 운동 선수로서는 최적의 하드웨어와 소프트웨어를 타고난 선수가 김동성 선수였다. 그리고 승부의 순간 강한 정신력으로 기필코 승리를 따내는 승리 DNA까지 장착한 그는 천상 승부사였다. 하지만 그의 천재성을 다 담기엔 쇼트트랙이란 종목이 너무 좁았던 것은 아닐까 하는 생각도 해볼 수 있다. 지속적으로 대중의 관심을 받고 언론의 주목을 받고 싶어하던 그였기에 항상 화제의 중심에 서는 프로 스포츠-특히 야구나 축구 선수였으면 운동선수로서 훨씬 롱런할 수 있지 않았을까 하는 아쉬움도 있다. 하지만 어쨌든 그는 2번의 올림픽을 통해 수많은 관심을 받았고 국민적인 응원도 받았다. 그리고 타고난 스타성로 국민들의 기대를 저버리지 않았다. 그를 보면 어쨌거나 스포츠 스타는 타고나는 것이라는 생각을 버릴 수 없다. 그것을 승리 DNA든, 위닝 멘텔리트 든, 혹은 스타성이라고 부르던 간에 승부의 순간에 승패를 결정짓는 그 정신적인 능력. 성공하려면 정신적인 능력을 길러야 할 것이다.

👥💬 권 작가와 김동성 선수의 인연

1998년 나가노 동계올림픽이 끝날 즈음, 나는 일회성으로 그치는 올림픽 비인기 효자 종목에 대한 관심을 지속해야 한다는 생각에서 대한민국 쇼트트랙 서포터즈 블루 히어로즈(Blue Heroes)를 창단했다. 대한민국 쇼트트랙 국가대표팀 선수들의 트리코 색깔인 파란색에 착안하여 만든 명칭이었다. 1997년 발족한 대한민국 축구대표팀 서포터즈 붉은 악마(Red Devils) 회원이었던 나는 붉은 악마의 활동을 상당 부분 참조하여 활동을 기획했지만, 전 세계적으로 인기 스포츠인 축구와는 달리 비인기 종목인 쇼트트랙 서포터즈를 모으는 건 매우 어려운 일이었다.

전주 세계선수권 단체 응원을 간 블루 히어로즈 멤버들

당시는 인터넷 대신 PC통신이 주류였던 시기. 특히 천리안, 하이텔, 나우누리, 유니텔이 네티즌들의 보금자리였다. 블루 히어로즈도 4대 통신사를 기반으로 시작했고, 1998년 4월 성균관대학교 강의실에서 열린 초라한 발대식을 시작으로 지속적인 활동을 해 나갔다.

블루 히어로즈의 활동이 가장 활발했던 시기는 1999년에서 2002년으로 특히 1999년 강원 동계아시안 게임 쇼트트랙 경기 단체 응원으로 국가대표 서포터즈의 위상을 공고히 할 수 있었다.

당시 국가대표 감독이었던 전명규 현 한체대 교수님은 강원 동계 아시안 게임에서의 블루 히어로즈 단체 응원에 감동해 추후 블루 히어로즈 모임에 전현직 국가대표 선수들을 보내 주겠다고 약속했고, 1999년 블루 히어로즈 선수단과의 만남엔 채지훈, 전이경, 김동성 등의 올림픽 개

2002년 춘천 월드컵 단체 응원전

인종목 금메달리스트뿐만 아니라 김소희, 김윤미, 원혜경, 안상미, 김선태, 이호응 등의 계주 멤버들도 모두 참석했다.

지금 같으면 꿈도 못 꿀 쇼트트랙 드림팀의 출격이었지만 PC통신이란 한계 때문에 많은 팬들이 참여할 수 없었던 게 아쉬웠을 뿐이다.

그 후 대한민국 쇼트트랙은 세대교체로 인한 침체기를 거친다. 특히나 블루 히어로즈가 단체 응원을 갔던 2001년 전주 쇼트트랙 세계선수권 대회에서 노골드에 그친 건 두고두고 아쉽고도 안타까운 결과였다. 그래도 그 중간에 블루 히어로즈는 MT와 선수촌 방문, 체육 대회 등으로 선수들과의 유대를 이어 갔다.

그리고 2002년 솔트레이크 올림픽. 블루 히어로즈는 올림픽 전 경기를 카페에서 모여 단체 응원을 했고, 그때의 응원전은 공중파 3사에서 모두 나와 취재를 할 정도로 화제에 올랐다. 그리고 안톤 오노에게 금메달을 강탈을 당했을 땐 MBC 뉴스 데스크에서 필자를 인터뷰해갔을 정도로 전 국민적인 관심사였다.

올림픽 이후엔 동계올림픽 출전 선수들을 초청해 팬과의 만남을 개최했는데 당시 참석한 인원이 100명이 넘을 정도로 성황리에 끝났다. 다만 아쉬운 것은 그때 김동성 선수는 프로야구 시구에 참석해야 해서 함께하지 못했다는 것이다. 어쨌든 오랜 시간 후에 20여 년 전 방송을 보니, 그 김동성 선수가 이제는 코치이자 해설자가 되었다는 것에 시간의 흐름을 느낀다.

현역 시절 한 지도자는 김동성 선수를 두고 타고난 운동선수로 특히 긴 하지장 덕분에 무슨 운동을 해도 잘할 선수라고 평했다. 또한 운동을 할 땐 죽을 각오를 하고 운동에 매달리는 선수라고 했다. 비록 무릎 부상 때문에 선수 생활은 일찍 접어야 했지만 그가 선수로서 남긴 업적은 사라지지 않을 것이다. 부디 20년 전 그가 쇼트트랙을 통해 IMF로 멍든 국민들의 마음을 위로하고, 쇼트트랙에 국민적인 관심을 불러일으켰던 것처럼 이후 활동을 통해서도 수많은 이들에게 희망과 의욕을 북돋아주길 바란다.

엄 코치와 김동성 선수의 인연

2006년 토리노 올림픽이 있었던 해에 나는 태릉선수촌에서 탁구 국가대표팀의 재활트레이너로 근무하고 있었다. 쇼트트랙의 이승재, 김민정

김동성 위원에게 테이핑을 하는 엄 코치

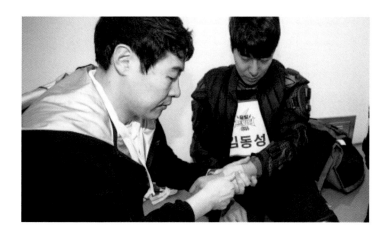

선수가 있었던 이준호 코치팀 선수들의 테이핑을 도와주러 쇼트트랙 링크장을 찾았을 때, 그곳에서 처음 만난 김동성 선수의 첫인상은 다부지고 강인해 보였다. 눈빛은 힘이 있었고 어딜 가도 소녀 팬들의 인기를 한 몸에 받았다. 경기장에서 본 김동성 선수의 파워풀한 워밍업을 보면서 타고난 신체조건이란 이런 것이라는 생각이 들었다.

경기 관계자의 특권으로 선수들의 워밍업과 유니폼 갈아입는 것을 볼 수 있었는데 김동성 선수는 전체적으로 균형적인 밸런스에 쇼트트랙 종목에 맞게 허벅지와 엉덩이, 복근의 근육이 잘 발달해 있었다. 김동성 선수는 신체조건을 타고났지만 국가대표 선수로서 노력도 게을리하지 않았던 선수였다. 훈련 기간 내내 쉬는 시간에도 작은 근육을 반복해서 운동했다. 선수로서 늘 열심히 노력하는 모습이었다.

김동성 선수를 다시 만난 것은 10년이 지난 후 '출발드림팀'이란 방송 프로그램에서였다. 방송관계자의 초대로 의무트레이너로 참석한 자리에서 김동성 선수를 보니 세월의 흐름에도 여전히 훌륭한 몸상태를 유지했다는 것을 알 수 있었다. 선수 시절부터 고질적으로 통증이 있었던 무릎과 손목에 테이핑을 해주며 오랜만에 이야기를 한 시간이었다.

이제는 강연자이자 지도자로 더 자주 보게 된 김동성 선수. 선수 시절 타고난 신체조건에 폭발적인 스타트 힘을 보여 줬던 그만의 노하우가 담긴 스케이트 훈련과 체력 트레이닝 방법을 후배들에게 전수해 주는 모습을 상상하며 훈련장에서 다시 만나기를 기대해 본다.

안현수 또는
빅토르 안 (1)

열정과 사랑

무엇보다도 안현수 선수는 쇼트트랙을 즐기고 사랑한다는 점에
있어서 진정 쇼트트랙을 위해 태어났다고 할 수 있다. 전 세계
누구보다도 쇼트트랙을 잘하기도 하지만 또 그에 못지않게 승
부를 즐기고 몰입하는 선수가 안현수 선수이다. 이런 그가 부상
으로 경기에 나가지 못하고 올림픽에 출전하지 못했을 때 겪었
을 좌절과 아픔은 누구보다 컸으리라고 짐작할 수 있다. 결국
쇼트트랙에 대한 사랑과 열정이 그가 귀화를 결정하는 가장 큰
이유가 된 것이다.

인기 스포츠에는 그 스포츠를 대표하는 선수가 있다. 축구엔 펠마메라고 불리는 펠레, 마라도나, 메시. 농구엔 농구 황제 마이클 조던. 야구엔 베이브 루스와 사이영. 그렇다면 쇼트트랙을 대표하는 선수는 누구일까? 이론의 여지가 없을 순 없지만, 대부분은 안현수, 이제는 빅토르 안이 된 그를 꼽을 것이다. 세계선수권 6회 우승에, 올림픽 금메달만 6개, 동메달은 2개. 역대 쇼트트랙 선수로서 그 누구도 이러한 성적을 남긴 선수는 없다. 남자 선수는 물론이고 여자 선수로까지 범위를 넓혀도 쇼트트랙의 여왕으로 불리던 중국의 양양 A 선수가 세계선수권 6회 연속 우승이라는 금자탑을 세우긴 했지만, 올림픽 성적은 안현수 선수에 한참 뒤처진다. 하지만 우리에게 안타깝고 답답한 사실은 안현수 선수가 대한민국 선수로서 저렇게 훌륭한 성적을 거둔 것이 아니라 러시아로 귀화 후에 금메달 3개와 동메달 1개, 그리고 세계선수권 우승 1회의 성적을 거뒀다는 것이다. 그것도 2014 대한민국을 발칵 뒤집어 놓은 귀화 파동으로.

역사상 최고의 쇼트트랙 선수

안현수 선수는 1985년 11월 23일 대한민국 서울에서 태어났다. 명지초등학교 2학년 때 스케이트를 시작해 1996년 전국 남녀 종별 대회에서 종합 우승을 차지했고, 명지중학교에 진학하여 동계체전 중등부 3연패를 하면서 쇼트트랙 유망주로 주목을 받았다. 또한 신목고등학교에 진학하자마자 전국체전 고등부에서 1위를 하며 될 성싶은 나무는 떡잎부터 다름을 보였다.

그리고 주니어 대표로 출전한 2002년 주니어 세계선수권 대회에서도 1,000m와 1,500m에서 우승하며 종합 우승을 차지했다. 이런 안현수 선수의 재능에 주목한 당시 쇼트트랙 국가대표팀 전명규 감독은 부상으로 빠진 이재경 선수의 대체 선수로 안현수 선수를 발탁했다. 2002년 솔트레이크 동계올림픽 쇼트트랙 남자 1,000m에 김동성 선수와 함께 출전한 안현수 선수는 김동성 선수가 준결승전에서 리지아준의 파울에 밀려 탈락한 것과 달리 결승에까지 진출해 메달 획득에 기대감을 불러일으켰다.

하지만 경기 막판 치열하게 몸싸움을 벌이는 오노와 리지아준을 앞에 두고 인코스로 추월을 하려다가 넘어지던 리지아준이 안현수 선수의 스케이트 날을 치면서 균형을 잃은 안현수 선수와 함께 오노까지 넘어지는 일이 벌어진다. 결국 어부지리로 우승을 한 선수는 계속 꼴지였던 호주의 브레드버리였고, 몸을 날린 오노가 2등, 캐나다의 마티외 투르코가 3등을 한 반면, 안현수 선수는 4위에 그쳤고 리지아준은 실격을 당했다.

이어서 계주에서 부상을 당한 민룡 선수를 대신해 1,500m에 출전한 안현수 선수는 실격을 당해 사상 첫 출전한 올림픽에서 노메달의 성적표를 받아들여야 했다. 그리고 한 달 후 열린 세계선수권에서는 분노의 질주를 펼친 김동성 선수를 보조하며 2개의 은메달을 따내어 종합 2위에 올랐고, 계주에서도 금메달을 따냈다.

이후 김동성 선수가 부상과 연예계 진출로 대표팀에서 빠지면서 에이스 자리를 물려받은 안현수 선수는 이후 세계선수권 5연패에, 2003년 아오모리 아시안 게임에서 금메달 3개, 2007년 장춘 아시안게임에선 금메달 2개, 토리노 올림픽 3관왕에 전 종목 메달 획득이라는 금자탑을 세운다.

이 기록만으로도 역대 대한민국 쇼트트랙 선수 중 최고의 성적일 뿐만 아니라 전 세계 쇼트트랙 선수 중에서도 비견될 만한 선수는 중국의 양양 A밖에 없었지만, 양양 A는 세계선수권 6연패의 대기록을 세운 것에 비해 올림픽 성적은 금메달 2개, 은메달 2개, 동메달 1개로 안현수 선수가 대한민국 선수로 세운 기록에 못 미친다. 다만 양양 A 선수가 아시안 게임에선 금메달 8개에 은메달 2개로 안현수 선수보다 더 나은 성적을 거뒀다. 여기까지는 누가 더 낫다 못하다 말하기 힘든 성적이지만 이후 안현수 선수가 러시아로 귀화해 소치 올림픽 3관왕에 2014년 세계선수권 우승까지 하면서 명실상부 세계 최고 쇼트트랙 선수의 영예는 안현수 선수 차지가 됐다.

세계 최고의 스케이팅 기술과 쇼트트랙에 대한 열정

쇼트트랙 선수로서 안현수 선수는 완벽에 가깝다고 할 수 있다. 안정된 자세에서 나오는 군더더기 없는 스케이팅, 수많은 경험에서 나오는 노련함과 넓은 시야, 인코스와 아웃코스를 자유자재로 추월하는 가속도에 끝없는 훈련을 통해 키운 지구력까지…. 세계선수권 5연패를 하던 시절 안현수 선수와 대적할 만한 선수는 지구상에 없었다고 할 수 있다. 오죽하면 왕년의 국가대표였던 이준호 해설위원은 "안현수는 쇼트트랙을 하기 위해 태어난 사람이다. 전속력 아웃코스로 달리다 밖으로 흐르지 않고 안으로 탈 수 있는 세계에서 유일한 선수."라고 말했을 정도다. 미국의 레전드인 안톤 오노는 소치 올림픽 중계 방송 중에 "만약 쇼트트랙을 위해 태어난 운동선수가 있다면 안현수일 것이다. 안현수가 뛰는 자세를 보면 골반이 약간 자연스럽게 앞으로 나온 것을 볼 수 있다. 이는 스케이터로서 완벽한 자세다. 안현수는 엄청난 기술과 경험을 겸비했다."라고 극찬을 했다. 이렇게 극찬한 오노는 물론이고 중국의 리지아준, 캐나다의 찰스 헤믈린 등의 세계 정상급 스케이터들도 한두 종목 안현수 선수를 이길 수는 있어도 전체 성적에서 안현수 선수를 이기는 경우는 없었다. 오히려 대표팀 후배인 이호석 선수가 안현수 선수의 인정을 받을 정도로 뛰어난 실력을 보여 주며 선의의 경쟁을 펼쳤을 뿐이다. 덕분에 안현수 선수가 마지막 주자로 뛰는 대한민국 남자 계주 대표팀도 항상 세계 정상에 머물렀다.

이렇게 승승장구하던 안현수 선수는 만 20세의 나이에 2006년 토리노 올림픽에 출전한다. 당시 언론에서는 안톤 오노와 안현수 선수의 올림픽 재대결에 초점을 맞춰 보도했으나 안톤 오노는 상대도 되지 않았고, 오히려 이호석 선수와 열띤 대결 끝에 안현수 선수가 우승을 하는 식으로 경기가 진행되었다. 1,000m, 1,500m 경기 모두 안현수 선수가 압도적인 실력으로 우승을 차지한 가운데,

쇼트트랙 마지막 날 남자 계주와 같은 날 치러진 500m 결승에서는 미국의 안톤 오노가 부정 출발의 의혹을 받는 가운데서도 제일 먼저 골인하여 금메달을 땄고, 안현수 선수는 3위로 들어왔다. 내심 전 관왕도 노려봤음직한 컨디션이었지만 500m가 주종목은 아니었던 만큼 안현수 선수는 크게 개의치 않았다. 그리고 대망의 5,000m 계주 결승전. 대한민국은 송석우-안현수-서호진-이호석 순으로 순번을 정해 출전하였다. 대한민국, 캐나다, 미국, 이탈리아가 결승에 진출한 가운데 94, 98년 올림픽을 우승한 캐나다가 대한민국의 가장 강력한 맞수가 될 것으로 예상되었다. 그리고 예상대로 대한민국과 캐나다는 초반부터 치열한 경쟁을 벌인다. 한편 안톤 오노가 뛰는 미국 대표팀은 홈팀인 이탈리아 대표팀과 3위 자리 경쟁을 하고 있었다. 하지만 대한민국 대표팀은 9바퀴를 남겨두고 캐나다에게 역전을 허용하고 좀처럼 다시 앞서지 못한다. 2바퀴를 남겨두고 안현수 선수에게 송석우 선수가 터치하자 1바퀴를 남겨두고서 캐나다 선수를 바짝 추격하던 안현수 선수는 아웃코스로 가볍게 캐나다 선수를 추월하여 남자계주에서 14년 만에 대한민국에 금메달을 안겨 준다. 파벌 싸움으로 선수들 간에 서로 말도 안 하고 같이 훈련도 안 할 정도로 신경전이 극대화됐던 때에 거둔 최고의 성과였다. 이렇게 안현수 선수가 마지막 주자로 나서 계주 우승을 가져온 사례는 너무나도 많다.

가장 극적인 예로 지금도 전설적인 경기 중 하나로 회자되고 있는 07-08 시즌 월드컵 3차 대회 5,000m 남자 계주 결승전에서 안현수 선수가 이끄는 한국 계주 대표팀은 17바퀴를 남겨두고 선두로 달리던 선수가 미끄러지면서 중국에 역전을 허용하고 한 바퀴 가까이 뒤처진다. 하지만 안현수 선수를 중심으로 열띤 추격전을 전개한 끝에 3바퀴를 남겨두고 역전에 성공하고 2바퀴를 남겨두고 다시 역전을 허용하지만, 마지막 주자였던 안현수 선수가 1바퀴를 남겨둔 직선 주로에서 인코스로 역전하며 대역전승을 완성한다. 당시 그 광경을 지켜보던 중국의 리엔 코치가 멋쩍게 웃으며 머리를 긁적이는 모습도 안현수 선수의 역주가 얼마나 대단했는지를 알려 주는 반증이라 할 수 있겠다.

무엇보다도 안현수 선수는 쇼트트랙을 즐기고 사랑한다는 점에 있어서 진정 쇼트트랙을 위해 태어났다고 할 수 있다. 전 세계 누구보다도 쇼트트랙을 잘하기도 하지만 또 그에 못지않게 승부를 즐기고 몰입하는 선수가 안현수 선수이다. 이런 그가 부상으로 경기에 나가지 못하고 올림픽에 출전하지 못했을 때 겪었을 좌절과 아픔은 누구보다 컸으리라고 짐작할 수 있다. 결국 쇼트트랙에 대한 사랑과 열정이 그가 귀화를 결정하는 가장 큰 이유가 된 것이다.

권 작가와 안현수 선수의 인연 1

안현수 선수를 처음 본 것은 2002년 춘천 주니어 세계선수권 대회를 통해서였다. 당시 안현수 선수는 1,000㎡와 1,500㎡를 우승하며 말 그대로 혜성처럼 등장했다. 하지만 그가 바로 국가대표 선수가 될 것이라고는 감히 생각지 못했다. 이후 솔트레이크 동계올림픽을 통해 안현수 선수는 차세대 스타덤에 올랐고 세계선수권이 끝난 후 블루 히어로즈는 다른 선수들과 함께 안현수 선수를 초청해 팬 사인회를 가졌다. 그때 안현수 선수는 수줍음 많은 고등학생이었다. 이후 안현수 선수가 에이스가 된 국가대표팀을 응원하러 춘천 월드컵 대회와 2003년 아오모리 동계 아시안 게임을 갔다.

아오모리 동계 아시안 게임에는 북한 선수들도 함께 출전했고, 여자 계주에서 중국이 실격하여 대한민국과 북한 여자 대표팀이 1, 2위로 시상대에 오르자 응원하러 온 조총련 응원단분들과 함께 '우리의 소원은 통일'을 함께 불렀던 기억이 있다. 당시 안현수 선수는 남자팀의 에이스로서 아직 미성숙했지만, 대표팀 선배들과 협력하여 세계선수권을 2번이나 우승하고 올림픽 은메달을 2개 딴 중국의 리지아준을 제치고 3관왕에 오를 수 있었다. 특히 두 팀의 남자 계주 마지막 주자가 안현수 선수와 리자아준이었는데, 리지아준이 안현수 선수를 추격할 때마다 빙판을 가르는 스케이트 날 소리가 섬뜩할 지경이었다. 하지만 안현수 선수는 결코 추월을 허용하지 않고 금메달을 따냈다.

이후 블루 히어로즈는 해체됐고 나는 아는 분들과 함께 토리노 동계올림픽 응원단을 조직했다. 추천사에서 김지한 기자가 말한 바 있는 '다이내믹 피닉스'였다. 티비 광고까지 하면서 응원단을 모집했지만, 신청자가 너무 적어서 결국은 빙상연맹 관계자분들과 함께 갈 수밖에 없었다. 다만 그때 토리노 단체 응원단을 조직하는 과정에 엄성흠 코치를 만났고 그 후 인연이 지금까지 이어졌다.

토리노 올림픽을 출발하기 며칠 전 돈 한 푼 없던 나는 카드 3개로 여행 경비를 나눠 긁고는 비행기에 올랐다. 돌아오면 수백만 원의 카드 대금을 갚기 위해 일을 해야 했지만 불안감은 접어 두고 올림픽만 즐길 생각이었다. 일정은 9박 10일이었고, 스위스로 입국해 알프스를 넘어 이탈리아로 들어가 관광을 하다가 쇼트트랙과 스피드스케이팅 경기를 보고 돌아오는 일정이었다. 예산 문제로 모든 경기를 다 보진 못했지만, 안현수 선수가 1,500m와 1,000m에서 금메달을 따고, 여자 1,500m에서 진선유 선수가 금메달 따는 광경을 지켜볼 수 있었고, 이강석 선수가 스피드스케이팅 500m에서 동메달 따는 것도 볼 수 있었다.

그리고 한 달 후 세계선수권이 끝나고 돌아오는 인천공항 입국장에서 안현수 선수의 부친 안기원 씨가 빙상연맹 관계자를 폭행하는 일이 벌어진다. 당시 사고를 목격한 기자들이 방송과 인터넷을 통해 보도하면서 사태는 걷잡을 수 없이 커졌다.

안현수 또는
빅토르 안 (2)

열정과 사랑

"열심히 하는 사람이 즐기는 사람을 이길 수 없고, 즐기는 사람
이 미친 사람을 이길 수 없다."는 말처럼 쇼트트랙에 미쳤다는
표현을 써도 무방할 정도로 쇼트트랙을 사랑하는 빅토르 안
선수. 그렇게 파벌싸움, 국적 변경 등의 외부 악재에도 아랑곳
하지 않고 필사적으로 쇼트트랙을 쫓던 그에게 올림픽 금메달
6개와 세계 선수권 6회 우승은 어쩌면 당연한 선물이었을지도
모르겠다.

파벌 파동과 부상

대한민국 쇼트트랙 선수들과 지도자 사이에 파벌이 존재한다는 사실은 2006년 토리노 동계올림픽 전부터 계속 불거져 나오던 문제였다. 안현수 선수를 중심으로 한 한체대 파벌과 그 외 대학 선수들이 속해 있는 비한체대 파벌은 국가대표 선발전은 물론이고 국제대회에 나가서도 서로 견제하다가 경기를 그르치는 경우가 빈번하게 발생했다.

올림픽을 앞두고 국내에서 열린 월드컵 대회에서 1, 2위로 달리던 안현수 선수와 이호석 선수가 치열한 선두 다툼을 하다가 3위인 안톤 오노에게 역전을 허용한 것이 대표적인 사례였다. 세계 최고의 테크니션인 두 선수를 3위인 선수가 제친다는 것은 거의 불가능에 가까운 일이었지만 파벌 싸움으로 사이가 좋지 않았던 두 선수가 경쟁하면서 생긴 틈을 교묘하게 파고든 오노가 금메달을 따낸 것이다. 이에 대한 비난 여론이 비등하고 여러 차례 기사화와 TV 시사고발 프로그램에서까지 다뤘지만 파벌 문제는 수그러들지 않았다. 결국 토리노 올림픽 기간 동안 안현수 선수는 한체대 소속인 여자 선수들과 훈련을 하고, 한체대 소속이 아닌 진선유 선수는 남자 선수들과 훈련을 하는 촌극까지 벌어진다. 비록 안현수 선수가 올림픽 3관왕을 하고, 계주 우승까지 하면서 비한체대 선수들과의 관계가 일시 회복되는 듯했으나 한 달 후 벌어진 세계선수권에서 비한체대 선수들이 안현수 선수를 막았다고 안현수 선수의 아버지 안기원 씨가 폭로하면서 사태는 더욱 악화된다.

안현수 선수가 개인종합 4연패를 하고 돌아온 2006년 4월 4일, 인천공항 입국장에서 안현수 선수의 아버지 안기원 씨는 "선수들과 코치가 짜고 안현수가 1등 하는 것을 막았다. 스포츠맨십도 없다. 더 이상 참을 수 없다."면서 "현수가 미국 현지에서 울면서 전화했다. 외국 선수들보다 한국 선수들이 더 심하게 현수를 견제했고, 1,000m와 3,000m에서 코치의 지시로 다른 파벌선수들이 안현수를 막게 했다."고 주장했다. 또한 그는 자신을 말리는 김형범 빙상연맹 부회장과 말다툼을 벌이다 손찌검을 하기도 했다. 결국 안기원 씨는 이 일로 빙상장 출입이 1년간 금지된다.

이에 대해 안현수 선수는 자신의 미니홈피에 "지금은 너무 힘드네요. 부끄러운 일들도 많고 아무리 참고 견뎌보려고 해도 지금은 다 관두고 싶은 생각밖에 안 드네요."라며 "그래도 저에게 용기와 희망 그리고 아낌없는 격려를 보내 주신 분들께 너무 감사드립니다."라고 적었다.

어쨌든 일이 이렇게 커지자 빙상연맹에서는 파벌 문제의 당사자로 지목되는 두 사람을 화해시키고 문제를 봉합했다. 미봉책이지만 파벌 문제는 일단락되는 듯했고, 안현수 선수는 안정을 되찾고 07-08 시즌 최고의 컨디션을 보이며 세계선수권을 5연패 하는 데 성공했다. 이제 남은 것은 양양 A의 세계선수권 6연패 기록을 경신하는 것. 이미 국내외에 적수는 없는 데다가 다음 대회는 홈그라운드인 대한민국 강원도 강릉에서 벌어지는 만큼 양양 A와 타이 기록을 세우는 것은 따 놓은 당상 같았다.

하지만 세계선수권을 2개월 앞둔 2008년 1월, 안현수 선수는 태릉 선수촌 링크장에서 훈련 중 넘어져 펜스에 충돌하며 무릎 부상을 당한다. 이 부상은 선수 생활을 위협할 정도로 치명적인 부상이었기에 안현수 선수는 결국 양양 A의 세계선수권 연속 우승 기록 경신을 포기하고서 수술을 받는다.

재활 실패와 귀화

수술 이후 안현수 선수는 재활에 힘쓴다. 세계선수권 6연패가 무산된 이상 그에게 남은 목표는 2010년 밴쿠버 올림픽 출전과 개인전 금메달 획득이었고, 그를 위해선 2009년 4월에 열리는 국가대표 선발전에서 종합 2위 이상의 성적을 거둬야 했다. 종전 같으면 종합 3위 내에만 들어도 개인전에 출전할 수 있었으나 안현수 선수의 가장 큰 라이벌인 이호석 선수가 2009년 세계선수권을 우승하면서 올림픽 자동 출전권을 획득했기 때문에 종합 2위에 드는 성적을 거둬야만 했다. 결과적으로 이 대회에서 안현수 선수는 종합 7위의 저조한 성적으로 올림픽 출전권을 따내는 데 실패한다. 수술 후유증으로 체력을 끌어올리지 못한데다가 경기 감각을 제대로 회복하지 못해 부진한 성적을 거둔 것이다. 경기 종료 후 안현수 선수는 모든 것을 달관한 듯, 후배인 곽윤기 선수와 그 외 선수들을 축하하는 모습을 보였다.

결국 안방에서 절친한 후배들이 올림픽 무대를 누비는 모습을

TV로 지켜봐야만 했던 안현수 선수는, 이후에도 기량을 회복하지 못하고 2011년 쇼트트랙 세계선수권 해설자로 SBS 방송에 출연하는 일도 경험한다. 누구보다도 쇼트트랙을 사랑하고 세계 최고의 쇼트트랙 선수라고 자부하던 안현수 선수로서는 참으로 답답하고 참기 힘든 시간이었을 것이다.

그런데 밴쿠버 올림픽이 끝나고 짬짜미 파문이 벌어진다. 밴쿠버 올림픽 2관왕 이정수 선수와 계주 은메달리스트인 곽윤기 선수가 2009년 국가대표 선발전에서 담합을 했다고 폭로된 사건이었다. 이에 빙상연맹에서는 2010년 국가대표 선발전을 9월 이후로 연기한다.

4월 선발전을 앞두고 준비 중이던 수많은 선수들이 빙상 연맹의 결정에 아쉬움을 표하지만, 항간에서 제기된 바와 같이 5월 육군훈련소에 들어가는 안현수 선수에게 불이익을 주기 위해 선발전을 9월로 바꿨다는 것은 사실무근이다. 안현수 선수 한 명을 탈락시키기 위해 선발전 일정을 바꿀 정도로 빙상연맹이 무책임한 집단은 아닐뿐더러 당시 상황에서 진상 규명을 위해 선발전을 연기하는 것은 합당한 처사였다고 할 수 있다. 결국 진상 조사를 통해 이정수, 곽윤기 선수는 자격 정지 3년의 중징계를 받았다.

이후 안현수 선수는 부상 후유증에 시달리는 와중에 소속팀인 성남시청이 2010년 12월 해체되는 이중고를 겪는다. 다른 실업팀의 제의를 거절한 안현수 선수는 개인 자격으로 2011년 2월 평창 동계체전과 4월 국가대표 선발전에 출전한다. 국가대표 선발전에서는 종합 5위의 성적으로 국가대표팀 차순위자에 이름을 올렸지만 이미 러시아 귀화를 결정한 상태였기에 의미가 없었다. 결국 2011년 6월 안현수 선수는 러시아로 출국하여, 8월 17일 귀화 신청을 한다. 그리고 마침내 2011년 12월 29일, 러시아 대통령 드미트리 메드베데프가 안현수 선수의 귀화를 허락하는 대통령령에 서명함으로써 대한민국 안현수 선수는 러시아인 빅토르 안이 된다.

왜 귀화를 하였는가?

안현수 선수가 빅토르 안이 되어 소치 올림픽에서 3개의 금메달과 1개의 동메달을 따내는 반면 대한민국 남자 선수들이 노메달에 그치면서 빙상연맹과 대한민국 남자 선수들을 향한 엄청난 비난이 쏟아졌다. 당시 박근혜 전 대통령마저 국무회의에서 안현수 선수의 귀화 문제를 거론하며 "안 선수의 문제가 파벌주의, 줄 세우기, 심판부정 등 체육계 저변에 깔린 부조리와 구조적 난맥상에 의한 것은 아닌지 되돌아봐야 한다. 문체부에서는 선수들이 실력대로 평가받을 수 있는 시스템을 마련하고 심판의 공정성을 담보할 수 있는 대책을 강구하고 체육비리와 관련해서는 반드시 근절할 수 있는 대책을 마련해주길 바란다."라고 말할 정도였다. 이에 많은 이들이 안현수 선수가 파벌 문제로 귀화한 것으로 오해했고, 지금도 하고 있지만, 안현수 선수 자신은 동계올림픽이 끝나고 난 후 파벌 문제가 귀화의 직접적인 원인은 아니라고 밝힌 바 있다. 스승인 전명규 한체대 교수와의 불화가 가장 큰 원인이라면 이후 그가 한체대 빙상장에서 훈련하는 것은 어떻게 설명할 것인가? 또전 소속팀 성남시청 빙상팀의 해체를 이유로 들 수도 있겠지만, 안현수 선수의 아버지 안기원 씨가 인터뷰를 통해 인정하였듯이 성남시청 빙상팀이 해체되기 전에 이미 안현수 선수는 귀화를 모색 중이었고 다른 팀의 입단 제의를 거절한 바 있다.

그러면 도대체 안현수 선수는 왜 러시아로 귀화한 것일까? 안현수 선수의 인터뷰와 러시아 빙상연맹 회장의 발언에서 그 이유를 알 수 있다. 안현수 선수는 2014년 2월 15일 금메달 수상 직후 인터뷰에서 "제가 정말 좋아하는 운동을 할 수 있는 환경이 필요했다. 저를 위해서, 운동하기 위해서 선택한 것이다. 예전에 어떤 일이 있었던 다 잊고 내가 할 수 있는 환경을 위해서 귀화를 했다."라고 말했다. 그리고 러시아 빙상연맹 회장은 "한국은 최상급의 선수층을 가지고 있는데 장난감이 많은 아이가 조금만 고장이 나도 쉽게 장난감을 버리듯이 자국의 선수들을 대한다."라고 말했다. 종합해서 말하면 안현수 선수는 자신을 완벽하게 지원해 주고 운동에 전념할 수 있는 곳을 찾아 러시아로 귀화한 것이고 대한민국엔 안현수 선수를 그 정도까지 지원하려는 기업이나 단체가 없었다. 그 외의 다른 이유는 모두 부차적인 것으로 진정한 원인과는 거리가 있다. 여전히 안현수 선수의 귀화가 파벌 싸움 때문이라고 믿는 이들은 제발 오해를 거두시기 바란다. 그것은 안현수 본인뿐 아니라 대한민국 빙상의 발전을 위해서도 바로잡아야 하는 오해다. 한 가지 안타까운 것은 소치 올림픽에 출전했던 남자대표팀이 안현수 선수의 귀화와 맞물려 너무 심한 비난을 받은 것이다. 물론 본인들이 자초한 부분도 있으나 본인들과 상관없는 일로 과도한 비난을 받은 것은 분명하다. 부디 앞으로 제2, 제3의 피해자는 나오지 않았으면 하는 바람이다.

올림픽 3관왕과 7년 만의 세계선수권 우승

러시아로 귀화 후 초반엔 천하의 빅토르 안 선수도 고전했다. 첫 러시아 국가대표 선발전에서 꼴찌를 할 정도로 몸 상태가 나빴고 여자 선수들과 경주를 해도 졌을 정도라고 한다. 하지만 러시아 빙상연맹의 전폭적인 지원과 재활 치료를 받고, 성남시청 시절 감독이었던 황익환 전 감독이 러시아로 찾아와 빅토르 안 선수의 부활을 도우면서 서서히 전성기의 기량을 되찾아 간다. 또한 러시아까지 날아와 내조를 한 부인 우나리 씨의 헌신도 그가 마음의 안정을 얻는 데 큰 도움을 줬다. 그 후 빅토르 안은 월드컵과 세계선수권에서 차곡차곡 메달을 쌓아 가면서 부활의 전조를 알린다. 다만 전성기 시절과 다르게 장거리인 1,500m 대신 500m를 주 종목으로 삼아 세계 정상급 기량을 보인다. 나이가 점점 들어감에 따른 자연스러운 변화라고 할 수 있을 것이다. 어느새 전성기의 기량을 회복한 빅토르 안 선수는 2014 유럽 선수권대회에서 4관왕을 차지하며 완벽히 부활했음을 알린다.

그리고 마침내 소치 올림픽에서 그동안 쌓였던 울분을 폭발하듯 500ｍ, 1,000ｍ와 계주에서 금메달을 따내고, 1,500ｍ에서는 동메달을 따내며 8년 만에 다른 국적으로 올림픽 3관왕에 오르는 대기록을 세운다. 또한 쇼트트랙 사상 최초로 올림픽 전 종목에서 금메달을 획득한 유일한 선수가 된다.

당시 그의 레이스를 보면 마치 모세가 지팡이 짓 한 번으로 홍해를 가르듯이 그가 나가고자 하면 앞에 있던 선수들이 너무나 자연스럽게 진로를 열어 주는 모습이 나온다. 오랫동안 세계 정상을 호령하며 쌓은 경험과 기술에 올림픽을 대비해서 갈고 닦은 체력까지 3박자가 어우러져 완벽한 레이스를 펼친 것이다. 쇼트트랙의 신이 있다면 바로 안현수, 아니 빅토르 안이 아닐까 싶을 정도로 신들린 레이스였다. 결국 3개의 금메달을 따내며 러시아가 소치 올림픽 종합 1위를 차지하는 데 결정적인 역할을 한 빅토르 안 선수는 푸틴 대통령으로부터 조국공헌 훈장까지 받는다.

그리고 이어 캐나다 몬트리올에서 벌어진 세계선수권에서도 빅토르 안 선수는 홈그라운드의 찰스 헤믈린 선수에게 극적인 역전승을 거두면서 7년 만에 세계선수권 개인종합 우승을 차지한다. 단 한 번도 세계선수권 우승을 하지 못한 찰스 헤믈린으로선 자국에서 벼르고 벼른 무대였지만 번번이 자신의 앞길을 막아선 빅토르 안에게 다시 한 번 좌절하고 만 것이다.

어쨌든 빅토르 안의 세계선수권 6회 우승은 중국의 양양 A와 어깨를 나란히 하는 대기록이다. 진정한 쇼트트랙 황제, 아니 쇼트트랙 차르로 등극한 빅토르 안 선수. 하지만 이후 그는 노쇠화

기미를 보이며 점점 하락세를 보인다. 이번 시즌도 월드컵 시리즈에서 단 한 번도 결승에 오르지 못하며 세월을 이기는 장사는 없다는 평범한 진리를 증명하고 있다. 그래도 올림픽을 한 달도 안 남기고 벌어진 유럽선수권 대회에 출전한 빅토르 안 선수는 주 종목인 500m에서 은메달을 따내며 평창에서의 선전 가능성을 높였다. 뚜껑을 열어봐야 알겠지만 최소한 500m에서는 선전을 기대해봐도 될 듯하다.

그는 쇼트트랙인

게다가 러시아의 소치 올림픽 약물 복용 파동이 터지면서 평창 동계올림픽 출전 자체가 불투명해지기도 했다. 하지만 푸틴 대통령이 개별 출전을 허용하면서 빅토르 안 선수는 러시아 대표 선수가 아닌 러시아 출신 올림픽 선수로 출전할 전망이다. 이 상황이야말로 빅토르 안 선수의 처지를 극명하게 드러낸 대목이 아닐까 한다. 대한민국 선수와 러시아 선수로 올림픽 3관왕에 동메달 하나씩을 따내며, 쇼트트랙을 대표하는 최고의 선수가 됐지만 정작 본인이 태어난 나라에서 열리는 올림픽에는 두 나라 어느 곳에도 속하지 못하고 러시아 출신 올림픽 선수로 출전하는 것이다. 쇼트트랙을 너무나 하고 싶어서 귀화했는데, 그 귀화한 나라의 국적이 문제가 되어 올림픽을 출전하지 못할 뻔한 상황. 그리고 그 나라의 국적을 빼고서 올림픽을 출전해야만 하는 상황. 그는 결국 대한민국인도, 러시아인도 아닌 쇼트트랙인이 아닐까?

어쨌든 KBS 예능 프로 '슈퍼맨이 돌아왔다'에 함께 출연하고 있는 딸 제인에게 자신이 태어난 대한민국에서 열리는 올림픽에서 자신이 뛰는 모습을 보여 주고 싶다던 빅토르 안의 소원은 이루어질 듯하다. 비록 전성기 때의 모습은 아니지만, 올림픽 자체가 참가에 의의가 있는 만큼 쇼트트랙 황제의 마지막 모습을 보여 주는 무대로 평창 동계올림픽은 훌륭한 피날레 무대가 될 것이다. 그 황제의 마지막 레이스가 아름답게 마무리되길 바란다.

🏅 그 만 의 성 공 비 결

쇼트트랙 선수로서 가장 완성체에 가깝고, 가장 큰 업적을 남긴 선수를 꼽으라면 단연 안현수, 혹은 빅토르 안을 꼽을 수밖에 없다.

신체적인 조건과 농익은 기술도 매우 훌륭하지만 무엇보다도 빅토르 안에겐 쇼트트랙에 대한 절대적인 사랑이 있었고 그 사랑 때문에 국적을 바꿔가면서까지 올림픽에 나가야만 했던 것이다. 누구보다 쇼트트랙을 사랑하고 승부를 즐기는 그. 물론 다른 선수들도 그에 못지않게 쇼트트랙을 사랑하겠지만, 감히 국적을 바꿀 생각까지는 하지 못했다. 물론 아예 없는 건 아니다. 1998년 나가노 올림픽 계주 예비 멤버이자 2002년 솔트레이크시티 올림픽 계주 금메달 멤버였던 최민경 선수도 이후 프랑스로 국적을 바꿔 2006년 토리노 올림픽을 비롯한 국제대회에 출전하기도 했고 그 외에도 몇 명의 선수가 국적을 바꿔 올림픽 등의 국제대회에 출전하긴 했다. 하지만 안현수처럼 커다란 파장을 일으키지는 않았다.

어쨌든 빅토르 안 선수의 사례를 보면 성공의 한 요소로 그 일에 대한 애정을 꼽지 않을 수 없다. 그 사랑이 사무칠 정도로 깊어 빅토르 안 선수처럼 국적을 바꿀 정도의 정성이라면 내가 신이라도 금메달을 선물로 주지 않았을까 싶다. "열심히 하는 사람이 즐기는 사람을 이길 수 없고, 즐기는 사람이 미친 사람을 이길 수 없다."는 말처럼 쇼트트랙에 미쳤다는 표현을 써도 무방할 정도로 쇼트트랙을 사랑하는 빅토르 안 선수. 그렇게 파벌싸움, 국적 변경 등의 외부 악재에도 아랑곳하지 않고 필사적으로 쇼트트랙을 쫓던 그에게 올림픽 금메달 6개와 세계 선수권 6회 우승은 어쩌면 당연한 선물이었을지도 모르겠다.

🗨️ 권 작가와 안현수 선수의 인연 2

토리노 동계올림픽이 끝나고 얼마 후 수협과 대한체육회는 사회복지시설 어린이 200여 명을 태릉선수촌에 초청해 안현수, 진선유, 이호석 선수와 최은경, 김연아, 이강석 선수가 참여하는 사인회를 개최했다. 우연히 그 행사에 대한 소식을 들은 나는 태릉선수촌으로 달려가 선수들의 사인을 받고 사진도 함께 찍었다. 당시 라이벌 아사다 마오를 이기고 주니어 세계선수권을 우승한 김연아 선수는 피겨 스케이팅의 희망으로 주목을 받고 있었다. 처음이자 마지막으로 사석에서 김연아 선수를 만난 필자는 중학생답지 않게 의젓한 김연아 선수의 모습에 매우 놀랐다. 당시 김연아 선수의 어머니께서는 사인회에 찾아온 김연아 선수 팬클럽 회원들을 선수촌 근처 일식집으로 초대했는데 동참하여 함께 밥을 먹고 셀카를 찍으면서 너무나 작은 김연아 선수의 얼굴에 다시 한 번 놀란 기억이 있다.

이후 김연아 선수는 또 하나의 전설을 쓰며 세계 피겨 역사상 최고의 선수 중 하나로 우뚝 선다. 비록 피겨 문외한이라 자세히 쓰지는 못하겠지만, 기회가 된다면 이후에 김연아 선수에 대한 이야기를 쓰고 싶다.

어쨌든 그 후 안현수 선수는 승승장구하다가 부상을 당하고 세계선수권에 출전하지 못하면서 양양 A의 기록 경신은 물거품이 된다. 그리고 안현수 선수가 빠진 대한민국 남자 대표팀은 홈그라운드임에도 선수들 간의 지나친 경쟁으로 미국의 안톤 오노에게 개인종합 우승을 헌납하는 치욕을 당하고 만다. 2008년 3월 세계선수권 대회를 보기 위해 강링 아이스링크를 찾았던 나는 씁쓸한 마음을 안고 서울로 돌아왔다.

그로부터 1년 후 안현수 선수는 밴쿠버 올림픽 출전권을 따기 위해 국가대표 선발전에 나서지만, 부상의 후유증으로 국가대표 명단에 오르지 못한다. 태릉선수촌 아이스링크는 매우 좁고 작은데, 그 좁은 곳에서 수백 명이 함께 선발전을 보던 기억이 선하다. 특히나 올림픽 출전 여부가 걸렸던 선발전 둘째 날에는 선수들보다 더 긴장이 되어서 거의 잠을 자지 못한 채로 첫 지하철을 타고 태릉 아이스링크로 향했다. 그리고 안현수 선수가 선발전에서 안타깝게 탈락하는 모습을 지켜보며 너무나 가슴이 아팠다.

다음 해, 이정수, 곽윤기 선수의 짬짜미 파동이 터지면서 빙상연맹이 선발전을 미루자 수많은 빙상 팬들이 화가 나서 신문 광고를 게재하고 집단행동에 나섰다. 당시 아이스뉴스 오픈을 준비하고 있던 나는 각 선수 팬클럽 회원들과 연대해서 올림픽 회관 앞에 집회를 신청하고 선언문을 만들어서 서명을 받았다. 당시 수백 명의 빙상 팬들이 모여서 빙상연맹의 투명한 행정을 촉구하는 서명을 했고 필자는 그 서명 명단을 빙상연맹에 등기로 보냈다. 서명 명단을 받은 빙상연맹이 벌컥 뒤집힌 것은 불문가지. 당시 뉴스엔 안현수 선수의 팬들이 시위한 것으로 나갔는데 결코 그것은 아니었다. 단 한 번의 선발전으로 올림픽 등 중요한 국제대회 출전이 결정되는 선발전 방식이 문제가 많다는 생각에 빙상 팬들의 목소리를 모은 것이었고, 안현수 선수와 이정수, 곽윤기, 성시백 등 스타 선수들의 팬뿐만 아니라 디씨 인사이드 빙상 갤러리 등의 일반 빙상 팬들도 참여했다. 비록 그때의 서명이 별다른 효력을 발휘하진 못했고 2014

년 소치 올림픽에서 잘못된 선발전 방식의 폐해로 남자부가 노메달의 수모를 겪었지만, 소치 올림픽 이후에라도 선발전 방식이 대폭 개선된 것은 다행이라고 하겠다.

어쨌든 그 후 2011년 국가대표 선발전이 끝나고 안현수 선수는 러시아로 귀화했고, 소치 올림픽에서 보란 듯이 재기하여 쇼트트랙의 차르로 등극했다. 안현수 선수가 귀화하기 전부터 이러한 상황이 올 것이라 예견한 나는 여러 차례 기사로 경고했지만 일개 네티즌 내지 블로거가 하는 주장이 먹힐 리는 없었다. 소치 올림픽 기간 내내 분노와 씁쓸함과 안타까움을 느끼던 나는 김연아 선수가 러시아의 소트니코바에게 금메달을 강탈당하는 장면까지 함께 보면서 술을 퍼마시지 않을 수 없었다. 그리고 참 얄궂은 운명이라고 생각했다. 8년 전 함께 사인회를 했던 두 선수가 이제는 국적을 달리하여 한 선수는 3관왕이 되고, 다른 한 선수는 그 선수의 나라에 금메달을 강탈당하고… 또 그런 광경을 TV를 통해서만 무력하게 지켜볼 수밖에 없는 나는 무엇인가 하는 한심함과 비참함. 그렇게 나와 안현수 선수, 아니 빅토르 안 선수의 인연은 끝났다. 이후 그의 소식을 전해 듣고 기사를 쓰긴 했지만, 따로 만나거나 취재를 하진 않았다.

안현수 선수의 귀화 이후 나는 아이스뉴스(www.icenews.co.kr)을 만들어 빙상 국가대표 선수들과의 인터뷰 외 다양한 소식을 전했고 그것이 지금까지 이어져서 이 책을 내는 원동력이 됐다.

엄 코치와의 인연

안현수 선수와 처음 만난 것은 성남의 탄천 빙상장에서 시합준비를 할 때였다. 빙상장 한구석에서 묵묵히 스케이팅 자세와 스트레칭을 하는 안현수 선수를 보면서 진정한 강자의 모습을 느꼈다. 눈을 감고 스트레칭을 하면서 경기를 준비하는 모습이 겸허해 보이기까지 했다.

시합을 앞두고 몸과 마음을 가다듬고 있는 선수의 모습이 내 시선을 사로잡은 것이다. 아니 정확히 표현하자면 눈을 뗄 수가 없었다. 안현수 선수는 토리노 올림픽에서 3관왕을 차지한 세계 최고의 강자였지만 자만하지 않고 국내 시합에서도 한 게임, 한 게임에 집중했다.

그 후 2009년 밴쿠버 올림픽 국가대표 선발전에서 안현수 선수와 선수 대기실에서 다시 만났다. 이날 나는 안현수 선수와는 다른 팀 소속이었지만 자꾸 관심을 가지고 보게 되었다. 심각한 부상을 당했어도 훌륭한 기량을 보여 준 안현수 선수는 세간의 주목을 받았다. 하지만 재활 기간이 부족했기 때문에 좋은 성적을 거두진 못했다. 그래도 최선을 다해 경기에 임했던 모습이 기억에 남아 있다. 4년 전 토리노 올림픽의 영광을 떠올리며 고무밴드를 다리에 묶고 운동을 하는 안현수 선수의 모습에서 처음 만난 날의 눈빛을 떠올렸다.

그 대회에서 온 국민의 가슴을 뛰게 했던 안현수 선수도 아쉽게도 국가대표로 선발되지 못했다. 그렇게 국민영웅이었던 안현수 선수의 노력은 국민의 관심 밖으로 멀어졌다.

지난해 러시아 대표팀 선수로 월드컵 경기에서 다시 만난 안현수 선수는 새롭게 느껴졌다. 오랜 시간 동안 그의 멋진 모습을 응원했고, 고된 역경을 이겨 내는 그의 의지에 갈채를 보낸다. 훗날 멋진 지도자가 된 그의 모습을 떠올리며 그의 마지막 선수 생활을 응원한다.

마 무 리 하 며

지금까지 평창 동계올림픽에 출전하는 빙상국가대표 선수들과 역대 올림픽 금메달리스트들의 이야기를 통해 금메달로 대표되는 성공의 비결에 대해 살펴보았다. 0.001초로 승부가 갈리는 찰나의 순간에 승리하기 위해 이 책에 등장하는 동계올림픽의 영웅들은 수많은 노력을 기울였다.

심석희는 키가 크다는 자신의 단점을 장점으로 바꿨고, 최민정은 세계선수권 3연패를 실패한 경험으로부터 성장했으며, 두 사람은 강력한 라이벌인 서로를 통해 많은 것을 배웠다. 또한 황대헌과 임효준은 강한 자기 확신을 가지고 대담하게 도전했으며, 서이라와 노진규는 꾸준히 성장하는 성실성을 기본적으로 갖췄다.

모태범과 이승훈은 무명의 설움을 겪으며 세상을 한 번 깜짝 놀라게 하겠다는 오기를 품기도 했으며, 김보름은 어려운 선택의 순간에 확고한 믿음을 가지고 결단을 내린 후 그 선택한 한 가지에 끝없이 몰입했다.

그리고 채지훈과 안상미는 치밀한 준비성으로 주어진 기회를 놓치지 않았다. 물론 김동성처럼 해당 종목에서 세계 최고의 자리에 오른 선수답게 타고난 천재성이 필요하기도 하지만, 안현수와 김기훈처럼 그에 못지않게 자신의 종목에 대한 열정과 사랑을 가지고 굵은 땀방울을 흘리며 끝없이 연구한 끝에 금메달을 품었다고 할 수 있다.

우리가 티비를 통해 4년에 1번 흥분하고 감동받는 그 순간을 만들기 위해 선수들은 인간의 한계를 초월하는 노력을 기울여 온 것이다. 물론 가장 중요한 것은 어느 순간에든 이길 수 있다고 믿는 마음가짐, 바로 Winning mentality였다. 빙상의 전설로 불리는 이들은 모두 이런 강한 자신감을 가지고 있었다. 그 대표적인 예가 바로 올림픽 3연패에 도전하는 빙속 여제 이상화이다.

이 글을 쓰는 나도, 읽는 당신도 이 책 속 선수들처럼 국가대표가 아니고 올림픽에 나가지도 않지만, 각자의 삶의 주인공인 만큼 선수들 못지않게 매일 치열한 자기만의 올림픽을 치르고 있다고 할 수 있다. 이 책이 그런 각자의 올림픽에서 이기는 데 조금이나마 도움이 되길 바란다.

부 록

쇼트트랙 스피드스케이팅은?

스케이트를 신고 111.12㎡의 아이스링크를 돌아 순위를 거루는 스포츠 경기이다. 롱트랙스피드스케이팅에 비해 짧은 코스를 돌기 때문에 쇼트트랙이란 이름이 붙었다. 또 2명이 뛰는 롱트랙과 달리 여러 명이 동시에 뛰는 오픈 경기 방식으로 진행된다.

쇼트트랙 스피드스케이팅(이하 '쇼트트랙')은 동계스포츠가 발달된 북미와 캐나다에서 발상하였고, 오스트리아에서는 오래전부터 성행하였다. 1976년 제1회 세계선수권 대회가 열렸으며, 대한민국은 1983년 일본에서 열린 세계선수권대회에 처음으로 남, 여 1명씩 출전하였고, 1985년부터 대표팀이 가동되었다. 1988년 캘거리 동계올림픽부터 세계 정상급에 올라섰고, 이후 국제 경기에서 최강자로 군림하였다.

쇼트트랙 경기 방법

경기종목은 남자의 경우 500m, 1,000m, 1,500m, 3,000m, 5,000m 계주가 있으며, 여자의 경우 500m, 1,000m, 1,500m, 3,000m, 3,000m 계주가 있다. 이 중 3,000m는 올림픽 종목이 아니다. 보통 한 경기에 4명이 함께 출전하지만, 반칙을 당해 어드밴스드로 올라가는 선수들이 발생할 경우 4명 이상의 인원이 함께 경기를 뛰기도 한다. 1,500m는 6명이 뛰고, 3,000m는 8명이 기본이다. 계주의 경우 링크에서 경기를 뛰고 있는 선수를 제외한 나머지 선수들은 링크 안쪽에서 돌고 있다가 자기 차례가 되면 선수 교대를 한다.

지금까지 열린 동계올림픽에서 대한민국이 쇼트트랙 종목에서 거둔 성적은 다음과 같다.

◎ 1992년 제16회 알베르빌 동계올림픽 - 금메달 2, 동메달 1(대한민국 동계올림픽 사상 첫 메달이자 금메달 획득)

종목	메달	선수
남자 1,000m	금메달	김기훈
남자 1,000m	동메달	이준호
남자 계주 5,000m	금메달	김기훈, 이준호, 모지수, 송재근

◎ 1994년 제17회 릴레함메르 동계올림픽 - 금메달 4, 은메달 1, 동메달 1

종목	메달	선수
남자 1,000m	금메달	김기훈
여자 1,000m	금메달	전이경

여자 계주 3,000m	금메달	전이경, 김소희, 김윤미, 원혜경
남자 500m	금메달	채지훈
남자 1,000m	은메달	채지훈
여자 1,000m	동메달	김소희

◎ 1998년 제18회 나가노 동계올림픽 - 금메달 3, 은메달 1, 동메달 2

종목	메달	선수
남자 1,000m	금메달	김동성
여자 1,000m	금메달	전이경
여자 계주 3,000m	금메달	전이경, 안상미, 김윤미, 원혜경
남자 계주 5,000m	은메달	채지훈, 김동성, 이호응, 이준환
여자 1,000m	동메달	원혜경
여자 500m	동메달	전이경

◎ 2002년 제19회 솔트레이크시티 동계올림픽 - 금메달 2, 은메달 2

종목	메달	선수
여자 1,500m	금메달	고기현
여자 계주 3,000m	금메달	고기현, 주민진, 최은경, 박혜원, 최민경
여자 1,000m	은메달	고기현
여자 1,500m	은메달	최은경

◎ 2006년 제20회 토리노 동계올림픽 - 금메달 6, 은메달 3, 동메달 1

종목	메달	선수
남자 1,000m	금메달	안현수

남자 1,500m	금메달	안현수
남자 계주 5,000m	금메달	안현수, 송석우, 이호석, 서호진, 오세종
여자 1,000m	금메달	진선유
여자 1,500m	금메달	진선유
여자 계주 3,000m	금메달	진선유, 변천사, 전다혜, 최은경, 강윤미
남자 1,500m	은메달	이호석
남자 1,000m	은메달	이호석
여자 1,500m	은메달	최은경
남자 500m	동메달	안현수

◎ 2010년 제21회 밴쿠버 동계올림픽 - 금메달 2, 은메달 4, 동메달 2

종목	메달	선수
남자 1,000m	금메달	이정수
남자 1,500m	금메달	이정수
남자 계주 5,000m	은메달	이정수, 이호석, 성시백, 김성일, 곽윤기
남자 1,500m	은메달	이호석
남자 500m	은메달	성시백
여자 1,500m	은메달	이은별
여자 1,000m	동메달	박승희
여자 1,500m	동메달	박승희

2014년 제22회 소치 동계올림픽 - 금메달 2, 은메달 1, 동메달 2

종목	메달	선수
여자 1,000m	금메달	박승희
여자 계주 3,000m	금메달	박승희, 심석희, 김아랑, 공상정, 조해리
여자 1,500m	은메달	심석희
여자 500m	동메달	박승희
여자 1,000m	동메달	심석희

한동안 쇼트트랙에서 딴 메달이 대한민국이 동계올림픽에서 딴 메달 개수와 동일할 정도로 쇼트트랙은 대한민국의 유일한 메달밭이자 전략종목으로 자리매김해 왔다. 덕분에 끊임없이 유망주가 배출되는 스포츠이지만 그만큼 여러 가지 폐해와 잡음도 많다. 지속적으로 개선과 자정을 요구하는 국민 여론이 뜨겁지만, 수십 년에 걸쳐 누적된 부조리가 많아 일거에 해소되긴 힘들다. 앞으로도 팬들과 언론의 지속적인 관심과 감시가 필요하다.

스피드스케이팅은?

스피드스케이팅은 400m 길이의 링크에서 경기를 치르는데 인코스와 아웃코스로 나뉘어 있고, 두 선수가 인코스와 아웃코스를 번갈아가며 주행하도록 되어 있다. 스피드용 스케이트 날은 얇은 강철로 되어 있고, 이것을 물고 있는 원통의 튜브도 경금속이다. 또 빙면에 접하는 부분이 직선이고 길어 스피드를 내기 위한 조건을 충족하고 있다.

1892년 국제 스케이트 연맹(ISU)이 조직되어서 1889년에 네덜란드 암스테르담에서 첫 세계선수권대회가 열렸고, 1908년 제4회 런던 올림픽에서 처음으로 정식종목이 되었다. 우리나라에는 1905년 선교사 길레트에 의해 처음 들어왔다. 1930년 조선빙상경기협회가 조직되었고, 1947년 조선빙상경기연맹을 구성하여 ISU에 가입하였다. 지금의 대한빙상연맹은 1948년에 조직된 것이다. 1948년 제5회 생모리츠 동계올림픽에 최초로 참가하였고, 1972년 동계 유니버시아드에서 최초의 국제대회 금메달을 획득하였다. 이후 1976년 제3회 세계주니어 빙상선수권대회에서 이영하 선수가 우승하고, 1987년 세계선수권대회에서 배기태 선수가 우승하며 대한민국 빙상의 수준을 끌어올렸다.

스피드스케이팅 경기 방법

올림픽 경기종목은 남자의 경우 500m, 1,000m, 1,500m, 3,000m, 5,000m, 10,000m, 8주 팀 추월 경기에 새로 매스 스타트가 추가되었고, 여자의 경우 500m, 1,000m, 1,500m, 3,000m, 6주 팀 추월 경기에 매스 스타트가 추가되었다.

대부분의 올림픽 경기는 인코스와 아웃코스를 두 선수가 번갈아 뛰는 더블 트랙 레이스로 펼쳐지며 각기 인코스와 아웃코스 스타트 라인에 선 경기자는 스타트 신호와 함께 동시에 출발한다. 인코스에서 출발한 선수는 백스트레치에 이르렀을 때, 70m 교차구역에서 바깥쪽 코스로 나가고, 바깥쪽 코스에서 스타트한 선수는 교차구역에서 안쪽으로 들어간다. 이것은 몇 바퀴를 도는 경우에도 마찬가지로 만약 두 선수가 동시에 교차구역의 직선로에 들어섰을 경우엔 안쪽 코스에 들어선 경기자가 바깥쪽 코스에 들어선 선수를 먼저 안쪽으로 들어서도록 하고 안쪽의 선수는 이것이 완전히 이루어진 후 바깥쪽 코스에 들어선다.

팀 추월은 각 3명씩으로 구성된 두 팀이 반대편에서 동시에 출발, 남자는 8바퀴, 여자는 6바퀴를 돌아 3번째 주자가 통과한 시간으로 승패를 겨룬다.

매스 스타트는 별도의 지정 없이 마라톤처럼 집단으로 출발하는 종목으로 16바퀴를 돈다. 4바퀴, 8바퀴, 12바퀴째에서 1~3위에 각각 5점, 3점, 1점씩이 주어지고 최종 1~3위에는 각각 60점, 40점, 20점씩을 부여하여 최종 순위를 가린다.

대한민국이 스피드스케이팅에서 거둔 동계올림픽 메달은 다음과 같다.

◎ 1992년 제16회 알베르빌 동계올림픽 - 은메달 1

종목	메달	선수
남자 1,000m	은메달	김윤만

◎ 2006년 제20회 토리노 동계올림픽 - 동메달 1

종목	메달	선수
남자 500m	동메달	이강석

◎ 2010년 제21회 밴쿠버 동계올림픽 - 금메달 3, 은메달 2

종목	메달	선수
남자 500m	금메달	모태범
남자 10,000m	금메달	이승훈
여자 500m	금메달	이상화
남자 1,000m	은메달	모태범
남자 5,000m	은메달	이승훈

◎ 2014년 제22회 소치 동계올림픽 - 금메달 1, 은메달 1

종목	메달	선수
여자 500m	금메달	이상화
남자 팀 추월	은메달	이승훈, 주형준, 김철민